Arena-Taschenbuch
Band 0359

Sonja Hartl (Hrsg.)

Advents- und Weihnachtsgeschichten

Arena

Die Deutsche Bibliothek – CIP-Einheitsaufnahme

Advents- und Weihnachtsgeschichten / Sonja Hartl (Hrsg.)
– Orig.-Ausgabe., 1. Aufl. – Würzburg: Arena, 1994
(Arena-Taschenbuch; Bd. 359)
ISBN 3-401-00359-3
NE: GT

1. Auflage dieser Anthologie 1994
als Originalausgabe im Arena-Taschenbuchprogramm
© 1994 by Arena Verlag GmbH, Würzburg
Alle Rechte vorbehalten
Quellennachweis: siehe Seite 157
Reihenkonzeption: Karl Müller-Bussdorf
Umschlagillustration und Vignetten: Hildegard Müller
Gesamtherstellung: Chemnitzer Verlag und Druck GmbH,
Werk Zwickau
ISSN 0518-4002
ISBN 3-401-00359-3

Inhalt

Martin Waddell
Sarahs Weihnachten   7

Margret Rettich
Karpfenzauber   14

Edith Schreiber-Wicke
Weihnachtspost   22

Helmut Sakowski
Die Maus im Weihnachtsbaum   30

Gudrun Pausewang
Ein Nikolaus in Räuberstiefeln   33

Hanna Herzig
Zum letztenmal Thomas   38

Luise Rinser
Drei Kinder und ein Stern   43

Gemma Lienas
Zwei Flügel und ein riesiges Problem   48

Dagmar Chidolue
Millie und der Adventskranz   56

Antonia Ridge
Jan und seine Holzschuhe   63

Margret Rettich
Die Kirchengeschichte   76

Kirsten Boie
Der Tannenbaum   82

Ingrid Uebe
Das Lied der Krähen   86

Ursula Wölfel
Die Weihnachtslüge   90

Renée Nebehay
Advent   104

Fredrik Vahle
Weihnachten mit Bockwurst   109

Gunhild Sehlin
In Bethlehem   117

Regine Schindler
Der vierte Adventssonntag   124

Sigrid Heuck
Lizzy backt Weihnachtsplätzchen   128

Gina Ruck-Pauquèt
Warum jedes Jahr wieder
Weihnachten ist   131

Werner Schrader
Der Weihnachtsmann nimmt jede Hilfe
gerne an   143

Martin Waddell

Sarahs Weihnachten

Aus dem Englischen von Inge M. Artl

*E*s war Weihnachtsmorgen!

Sarah wachte auf und sah sofort den Weihnachtsstrumpf, der am Fußende ihres Bettes hing.

»Ooooooooooh!« machte Sarah, sprang aus dem Bett und riß ihn herunter.

Es steckten neue Fäustlinge darin und ein Schal, eine Orange und Schokoladengeld und ein Buch über kleine Katzen und eine Flöte.

Sarah blies gleich auf der Flöte und weckte dadurch ihre kleine Schwester Mary. An Marys Bett hing nur ein kleiner Strumpf, weil sie noch ein kleines Baby war. Es waren Süßigkeiten darin, eine Puppe und Fäustlinge.

»Genau die gleichen wie meine!« sagte Sarah.

»Meine!« sagte Mary und hopste in ihrem Baby-
bett auf und ab.

All das Gehopse und das Flötenspiel machten so
viel Lärm, daß Sarahs Vater kam, um nachzuschauen, was los war.

»Oh, schau mal!« sagte Sarah plötzlich.

Eine Spur von Goldstaub führte vom Fußende
von Sarahs Bett – wo ihr Weihnachtsstrumpf gehangen hatte – zum Fußende von Marys Bett – wo
deren Weihnachtsstrumpf gehangen hatte – und
von dort zu einem Stuhl, der ebenfalls mit Goldstaub bedeckt war. Also mußte jemand dort ge-
sessen haben, und der gleiche Jemand hatte die
Kekse aufgegessen und den Orangensaft getrunken, die Sarah extra für ihn hingestellt hatte!

»Der Weihnachtsmann!« hauchte Sarah und be-
rührte den Goldstaub, der an ihrer Hand hängen-
blieb.

»Er muß durch den Kamin gekommen sein«,
meinte Sarahs Vater.

»Sei nicht dumm«, sagte Sarah. »Hier im Kinderzimmer gibt's keinen offenen Kamin.«

Sarah folgte der goldenen Spur zur Zimmertür
hinaus in den Flur, wo sie auf dem Treppenabsatz
plötzlich aufhörte.

»Wo ist er hingegangen?« fragte Sarahs Mutter.

»Der Speicher!« sagte Sarah. »Er ist durch die
Falltür heruntergekommen!«

»Wahrscheinlich«, sagte ihr Vater.

»Aber wie ist er zuerst in den Speicher hineinge-kommen?« fragte Sarah.

Sarahs Eltern schauten sich an, und dann zuckte Vater die Achseln und sagte: »Keine Ahnung, Sarah!«

»Vielleicht ist ein Loch im Dach«, sagte Sarah.

»Wahrscheinlich«, sagte Mutter.

»Jetzt ist es Zeit für die anderen Geschenke!« sagte Vater.

Sarah bekam noch eine große Puppe, viel größer als die kleine in Marys Weihnachtsstrumpf, und ein dickes Märchenbuch und zwei Puzzles und Süßigkeiten und ein paar Rollschuhe und einen Sturzhelm.

Mary bekam einen Mantel und einen Wollhut und drei Paar rote Strumpfhosen und Süßigkeiten und einen Wackel-Holzhund zum Hinter-sich-Herziehen und eine Spieldose.

Sarah fing an, mit der Spieldose zu spielen.

»Meine!« sagte Mary und krabbelte auf sie zu.

»Ich hab ja bloß damit gespielt«, sagte Sarah und hielt die Spieldose hinter sich auf dem Rücken, wo Mary nicht daran konnte.

»Kinder, es ist Weihnachten!« sagte Mutter. »Denkt daran.«

»Frieden!« sagte Vater. »Am Weihnachtstag muß man brav und gut und lieb zueinander sein.«

»Das weiß ich«, sagte Sarah und gab die Spieldose her. »Das hat Friedrich auch gesagt.«

»Wer ist Friedrich?« fragte Vater.

»Sarahs Engel«, antwortete Mutter. »Sarah sieht ihn immer im Garten. Er springt vom großen Baum herunter!«

»Er kann jetzt fliegen«, sagte Sarah. »Er hat seine Flugprüfung bestanden!«

»Ach so«, sagte Vater. »Gut gemacht, Friedrich, wo immer du sein magst.«

»Er ist im Himmel, natürlich!« sagte Sarah und fand im stillen, daß ihr Vater manchmal wirklich dumm war. Schließlich weiß doch jeder, daß Engel im Himmel leben.

»Ich hab immer gedacht, Menschen können Engel nicht sehen«, sagte Vater.

»Ich kann's aber«, sagte Sarah.

»Weil du eben ein ganz besonderes kleines Mädchen bist«, sagte Mutter und drückte Sarah an sich.

»Mary kann keine Engel sehen«, sagte Sarah.

»Noch nicht«, meinte Mutter.

Sie gingen in die Kirche, und dann gab es ein sehr gutes Weihnachtsessen, und dann sagte Mutter, sie habe für Weihnachten schon genug gearbeitet, und Vater und Sarah wuschen das Geschirr ab, und Mary hielt Mittagsschlaf, und Sarah setzte ihren neuen Sturzhelm auf und ging hinaus, Rollschuh laufen; und dann aß Mary alle ihre Süßigkeiten auf und Sarahs Süßigkeiten noch dazu, bis ihr schlecht war, und dann war es Abend, und

Mary mußte ins Bett, und als sie schlief, ging Sarah ebenfalls schlafen.

»Jetzt ist Friedrich doch nicht gekommen!« beklagte sich Sarah, als ihre Mutter sie zudeckte. »Dabei hat er's mir versprochen, daß er mich zu Weihnachten besuchen kommt, und ich hab was von dem Schokoladengeld für ihn aufgehoben, als Geschenk!«

»Er hat sicher zu viel zu tun gehabt«, meinte Mutter. »Weihnachten ist ein ganz besonderer Tag im Himmel.«

»Aber er hat gesagt, er kommt!« wandte Sarah ein.

»Weißt du was? Jetzt beten wir beide darum, daß Friedrich noch kommen kann«, schlug Mutter vor.

»Gut!« sagte Sarah.

Sie beteten, und dann sagte Mutter: »Gute Nacht, Sarah!« und schaltete das Licht aus.

Sarah lag ganz still da, zählte Schafe und wartete darauf, daß Friedrich auf seiner Wolke herabschwebte.

In dem Augenblick, in dem sie gerade beinahe eingeschlafen wäre, passierte etwas.

Ein sanftes, bläuliches Licht breitete sich im Kinderzimmer aus, und Baby Mary bewegte sich im Schlaf. Leiser Flügelschlag war zu vernehmen, und Friedrich erschien am Fußende von Sarahs Bett.

»Fröhliche Weihnachten, Sarah!« sagte Friedrich.

»O Friedrich, schaust du schön aus!« sagte Sarah.
Friedrich sah wirklich wunderschön aus. Er trug
ein strahlendweißes Gewand, und ein goldenes
Licht schimmerte über seinem Kopf.
»Ist das . . . ist das . . .?« fragte Sarah.
»Mein Heiligenschein«, erklärte Friedrich stolz.
»Ich bin jetzt ein richtiger, ausgelernter Engel. Ich
bin heut dazu ernannt worden, zu Ehren des Ge-
burtstages!«
»Oh, herzlichen Glückwunsch, Friedrich!« sagte
Sarah.
Dann erzählte Friedrich ihr von Weihnachten im
Himmel und von seinen Geschenken. Der Ehr-
würdige William Überall hatte ihm ein Buch über
»Himmlische Gesangslehre« geschenkt (denn
richtig singen konnte Friedrich leider noch nicht),
und der Grüne Gustav eine Weihnachtsrose. Von
Rosa-Martha hatte er eine wollene Unterhose bekommen, falls er nachts herumfliegen mußte, und
von Oskar ein Buch mit eigenen Gedichten. Sogar
der böse Basil hatte ihm etwas geschenkt, nämlich
ein Foto von William Überall, in das er eine lustige
Mütze, eine rote Nase und große Ohren hineinge-
zeichnet hatte. Von Hermine hatte er einen Weih-
nachtskuß bekommen, und dieses Geschenk
machte Friedrich von allen am meisten Freude.
»Ich hab auch was für dich, Friedrich«, sagte Sarah und gab ihm das Schokoladengeld aus dem
Weihnachtsstrumpf, das sie für ihn aufbewahrt

hatte. Es war unter ihrem Kopfkissen ein bißchen zerdrückt worden, aber Friedrich versicherte, daß es sehr gut schmeckte.

»Ich hab auch etwas Besonderes für dich!« sagte Friedrich und überreichte Sarah ein großes Stück Torte, die tollste Torte, die Sarah jemals gesehen hatte, mit Verzierungen aus glänzendem Zuckerguß oben darauf und gefüllt mit Pfirsichen und Sahne und Erdbeeren und Kirschen und Bananen und Ananas und Nüssen und allen köstlichen Sachen, die es auf der Welt und anderswo gibt.

»Oh, vielen, vielen Dank, Friedrich!« sagte Sarah. Die Torte schaute einfach himmlisch aus!

»Das ist mein Stück vom Geburtstagskuchen«, sagte Friedrich. »Ich hab's extra für dich aufgehoben, Sarah!«

»Was für ein Geburtstag?« fragte Sarah.

»Aber das weißt du doch!« sagte Friedrich.

»Ach so, ja . . .«, sagte Sarah. »Weihnachten!«

»Die beste und besonderste Geburtstagstorte, die es überhaupt gibt!« sagte Friedrich stolz, und dann aßen Sarah und er sie zusammen auf, und sie waren beide sehr glücklich.

Margret Rettich
Karpfenzauber

Sarahs Papa hatte einen Freund, und Papas Freund hatte außerhalb der Stadt einen Fischteich. Einmal, im Sommer, war Papa mit Sarah dorthin geradelt. Damals hatte die Sonne geschienen, und die Vögel hatten gezwitschert. Sarah durfte sogar angeln, aber sie hatte keinen Fisch gefangen.

Im Winter, kurz vor Weihnachten, polterte es nachmittags draußen gegen die Haustür.

»Der Weihnachtsmann kommt!« rief Sarah.

»Der kommt erst nächste Woche«, sagte Mama und machte auf.

Draußen stand Papas Freund. Er hatte es eilig und wollte nicht reinkommen. Er stellte nur einen Eimer auf die Schwelle, sagte: »Frohes Fest! Guten Appetit!« und verschwand wieder.

Im Eimer schwamm ein Karpfen. Er war so groß, daß er kaum Platz hatte. Mal schnappte sein rundes Maul über und mal unter dem Wasser.

»Ach du meine Güte, das arme Tier!« rief Mama. Sie lief ins Bad und ließ Wasser in die Wanne laufen. Dann holte sie den Eimer und kippte den Karpfen hinein.

Als Papa heimkam, saß Sarah auf dem Klodeckel. Sie drehte sich um und sagte: »Guck mal, der heißt Thomas.« Papa guckte in die Wanne und stellte fest: »Thomas heißt der Junge von nebenan. Dies hier ist ein Fisch, der Karpfen heißt.«

Aber Sarah fand, daß der Karpfen genauso aussah wie der Junge von nebenan. Darum nannte sie ihn Thomas.

»Von mir aus«, meinte Papa. »Wir werden ihn Heiligabend essen.«

Mama antwortete: »Für Heiligabend habe ich Kartoffelsalat vorgesehen und bereits Würstchen besorgt. Am ersten Feiertag brate ich eine Pute, und am zweiten Feiertag soll es eigentlich Rouladen geben.«

Gegen Mamas Küchenpläne durfte Papa nie etwas einwenden. Der Karpfen blieb einstweilen ungeschoren in der Badewanne, und Sarah fütterte ihn mit Haferflocken, Brotkrumen und zerpflückten Salatblättern.

Der Karpfen schien sich wohl zu fühlen. Er

schwamm in der Wanne auf und ab und hin und her.

Papa fühlte sich dagegen weniger wohl.

Um richtig wach zu werden, pflegte er jeden Morgen kalt zu duschen. Das konnte er nun nicht, weil ihm der Karpfen im Weg war. Am ersten und am zweiten Morgen schimpfte er beim Frühstück darüber. Am dritten Morgen hatte er es satt. Er stellte sich neben den Karpfen in die Wanne und drehte die Dusche auf.

Sofort kam Mama aus der Küche und rief: »Laß das sein! Thomas ist sensibel.«

»Woher weißt du das? Ich bin auch sensibel«, knurrte Papa, aber das nahm ihm Mama nicht ab.

Am nächsten Morgen packte Papa einfach den Karpfen und steckte ihn in den Eimer. Er wollte gerade in die Wanne klettern, da erwischte ihn Sarah.

Sie rief: »Mama, komm!«, und Papa mußte wieder auf seine Dusche verzichten. Mißmutig saß er am Frühstückstisch und versteckte sich hinter der Zeitung. Inzwischen erzählte Sarah, was sie von Thomas geträumt hatte. Mama wollte es ganz genau wissen.

Also: Sarah war mit Thomas in einem wunderschönen Teich herumgeschwommen. Da hatte ihr Thomas die Stelle gezeigt, wo ihn ein Kaninchen aus einem Frosch in einen Karpfen verzaubert hatte.

Papa kam hinter der Zeitung hervor und stellte fest: »Quatsch! Kaninchen können nicht zaubern. Und ein Karpfen ist noch nie ein Frosch gewesen. Es wird Zeit, daß er in den Topf wandert.«

»Du hast weder Phantasie noch Gefühl«, sagte Mama und strich Sarah über den Kopf.

Von nun an mußte ihr Sarah jeden Morgen ein bißchen mehr von Thomas erzählen, denn Sarah träumte jede Nacht von ihm. Das sagte sie jedenfalls, obwohl Papa ihr nicht glaubte und hinter seiner Zeitung laut stöhnte. Mama hörte immer aufmerksam zu.

Thomas war vor vielen Jahren in Indien geboren worden, als reicher Prinz. Leider hatten ihn Seeräuber entführt.

Und diesen Seeräubern wurde er später von Indianern geraubt.

Die Indianer verkauften ihn an einen bösen Zauberer.

Und der machte erst ein Kamel, dann einen Regenwurm und schließlich eine Maus aus ihm.

Der Zauberer hatte eine Katze, die ihm das Zaubern abgeguckt hatte. Sie zauberte aus der Maus, die eigentlich ein indischer Prinz war, einen Karpfen und warf ihn Papas Freund in den Fischteich.

An dieser Stelle tauchte Papa hinter seiner Zeitung auf und sagte: »Ich denke, irgendein Kaninchen hat diesen dummen Karpfen mal aus einer Kröte gehext.«

»Nein, aus einem Frosch«, sagte Mama. »Kümmere dich lieber um Politik.«

Und dann war das Weihnachtsfest mit Mamas Küchenkünsten vorbei. Der Karpfen schwamm immer noch in der Wanne. Und Papa hatte seit zehn Tagen nicht mehr geduscht.

Zum Mittagessen hätte er jetzt gern mal ein gutes Fischgericht gehabt, doch darüber war mit Mama und Sarah nicht zu reden. Beide sprachen unentwegt über den Karpfen Thomas, dessen Schicksal immer bunter wurde.

Eines Tages hatte Papa genug.

Er warf die Zeitung auf den Frühstückstisch, daß die Tassen klirrten, und rief: »Schluß jetzt mit dem Karpfenzauber!«

Dann sprang er auf und kramte in der Schublade nach einem langen spitzen Messer. Damit wollte er ins Bad, doch Mama war schneller. Mit ausgebreiteten Armen stand sie vor der Tür, sah Papa starr an und sagte: »Das wirst du nicht wagen!«

»Tu's nicht, tu's nicht!« schrie Sarah und zerrte Papa von hinten fast den Pullover vom Hals.

»Ich bin in einem Tollhaus«, sagte Papa, aber er legte das Messer zurück. Dafür zog er seine Joppe über, und ehe er die Haustür hinter sich zuknallte, rief er: »Na gut, wie ihr wollt! Dann suche ich eben einen Abnehmer für ihn!« Aber Papa fand keinen Abnehmer.

Die Nachbarn nebenan wehrten erschrocken ab.

Ein Großonkel von ihnen war vor Jahren fast an einer Gräte erstickt. Seither aßen sie allenfalls Fischstäbchen, bei denen man seines Lebens sicher war.

Die Nachbarn auf der anderen Seite waren verreist. Auch ihr Sohn Thomas, der dem Karpfen so ähnlich sah, war nicht da. Papa konnte sich sein Angebot ersparen.

Nur die alte Dame, die gegenüber wohnte, zeigte Interesse. Sie kam gleich mit, um sich den Karpfen anzusehen, und meinte anerkennend: »Ein prachtvolles Tier!«

Sarah saß auf dem Klodeckel, streute Haferflocken in die Wanne und sagte: »Er heißt Thomas.«

»Sieh mal an«, sagte die alte Dame. Dann wandte sie sich an Papa und erklärte: »Ein Karpfen sollte stets zu Neujahr gegessen werden. Dann bringt er nämlich Glück. Man muß eine Schuppe von ihm aufbewahren, wenn man reich werden will.«

Papa drängte: »Gut! Nehmen Sie ihn gleich mit!«

Die alte Dame winkte ab: »Er ist ja viel zu groß für mich allein. Sie sind zu dritt. Essen Sie ihn auf!«

Und dann ging sie.

Sarah raunte dem Karpfen zu: »Hast du gehört? Du bringst uns Glück! Du machst uns reich!«

»Ja, wenn wir dich kochen«, sagte Papa und sah zu, wie Sarah dem Karpfen mit spitzen Fingern ein wenig Salat hinhielt. Der Karpfen aß ihr aus der Hand.

»Thomas küßt mich«, sagte Sarah.

»Eines Tages willst du ihn vielleicht noch heiraten«, sagte Papa und raufte sich das Haar.

Sarah nickte ganz ernsthaft und erwiderte: »Ja, aber erst, wenn ich groß bin. Und so lange bleibt Thomas in unserer Badewanne.«

Da faßte Papa einen Entschluß.

Am anderen Morgen ließ er die Zeitung liegen, sah Mama und Sarah an und sagte: »Heute nacht habe ich auch von Thomas geträumt. Ich habe geträumt, wie der arme Kerl wieder erlöst werden kann.«

Mama sagte mißtrauisch: »Führst du etwas im Schilde?«

Aber Sarah fragte: »Wie?«

Da sagte Papa: »Die alte Dame hat es mir im Traum verraten. Sarah hat gehört, daß sie den Zauber vom Glück und vom Reichtum wußte. Darum kennt sie auch den Karpfenzauber. Sie hat zu mir gesagt, wir sollen Thomas zurück in seinen Fischteich bringen. Es muß noch heute sein, ehe das alte Jahr zu Ende geht. Denn nur in der Neujahrsnacht kann er erlöst werden. Dann fliegt er zurück nach Indien und wird dort wieder ein Prinz. Was sagt ihr dazu?«

Selbst Mama konnte dazu nichts sagen.

Gleich nach dem Frühstück steuerte Papa das

Auto vorsichtig hinaus zum Fischteich. Mama und Sarah saßen auf dem Rücksitz. Zwischen sich hielten sie den Eimer fest, in dem der Karpfen steckte. Sie redeten ihm in jeder Kurve gut zu.

Papas Freund war nicht da, und darüber war Papa sehr erleichtert. Er schlug mit einem Knüppel ein Loch in die dünne Eisdecke. Dann kippte er den Eimer aus, und gleich darauf war der Karpfen verschwunden.

Mama und Sarah winkten und sahen ganz traurig drein. Um Mitternacht guckten Papa, Mama und Sarah aus dem Fenster.

Draußen stiegen leuchtend bunt die Raketen zum Himmel.

Sarah sagte: »Wenn Thomas jetzt nach Indien fliegt, hat er es ganz hell.«

Am anderen Morgen konnte Papa endlich wieder duschen. Auf dem Boden der Wanne fand er eine glänzende Fischschuppe. Er steckte sie in seine Brieftasche.

Man kann ja nie wissen.

Edith Schreiber-Wicke

Weihnachtspost

Novalis saß am Fenster und schaute den Schneeflocken zu. Sie sahen hübsch aus, aber er wußte
genau: Wenn man sie fing, waren sie erst kalt,
dann naß und dann weg. Außerdem mußte man
dazu ins Freie gehen, und dort war es derzeit
äußerst ungemütlich. Es machte mehr Spaß, im
warmen Zimmer zu sitzen und die wirbelnden
Dinger mit den Augen zu verfolgen.

Tina kam, um Novalis zu streicheln. Ein wenig
ungeduldig wich er aus. Daß die Menschen nie
bemerkten, wenn eine Katze anderwärts beschäftigt war ... Besonders die ganz kurzen Menschen,
wie Tina einer war.

»Ich schreib einen Brief ans Christkind«, sagte
Tina zu Novalis. »Weil ich mir nämlich eine Menge Sachen wünsche. Und die muß man dem

Christkind aufschreiben, sonst vergißt es womöglich was.«

Novalis hörte aufmerksam zu. Das interessierte ihn. Wünsche hatte er nämlich auch.

Tina nahm ein Stück Papier und begann blaue Zeichen draufzumalen.

Novalis hätte gern gewußt, wer dieses Christkind war. Und wo. Und warum es Wünsche erfüllte. Jedenfalls mußte es ziemlich schlau sein, wenn es die Zeichen verstehen konnte, die Tina aufs Papier kritzelte. Novalis schaute mit schiefgelegtem Kopf zu.

Ich will auch einen Brief schreiben, dachte er. Und er begann, in Gedanken zu formulieren:

Wertes Christkind,

wenn Du wirklich so lieb bist, wie allgemein behauptet wird, dann ersuche ich Dich höflich um die Erfüllung folgender Wünsche:

1. Keine verschlossenen Türen mehr im Haus. Ich hasse Türen, die zu sind.

2. Öfter einmal Fisch zum Frühstück – oder auch zum Abendessen. Ich liebe Fisch.

3. Das wichtigste: Schick mir einen Kollegen. Menschen sind ganz nett, aber eben doch nur Menschen. Und gelegentlich will man kätzisch reden.

Es reicht Dir die Pfote zum Gruß und Dank
Novalis, derzeit einziger Kater hier.

»So«, dachte Novalis. »Jetzt muß ich nur noch
Zeichen auf ein Papier bringen. Das gehört offen-
bar dazu.«

Er versuchte es mit einem von Tinas Schreibstif-
ten. Aber das Ding war nicht für Katzenpfoten
gedacht. Es rollte über den Tisch und fiel auf den
Boden.

Tina sagte etwas Unfreundliches zu Novalis.

Beleidigt ging Novalis ins Nebenzimmer. Einer
von den großen Menschen saß da und zeichnete
schwarze Striche auf ein weißes Papier. Die
schwarze Farbe kam aus einem kleinen Tiegel,
wie Novalis feststellte. Papier lag auch genug
herum. Vorsichtig tauchte Novalis eine Pfote in
den Tiegel und setzte sie dann auf weißes Papier.
»Ausgesprochen schön«, stellte er fest. »Das wird
dem Christkind bestimmt gefallen.«

Die laute, aufgeregte Stimme des Menschen
schreckte ihn aus seiner Beschäftigung. »Laß das,
du Untier. Troll dich da! Ausgerechnet ans
Tuschfaß muß er! Dieser Kater kostet mich meine
letzten Nerven!«

Novalis flüchtete und reinigte seine schwarze
Pfote am Vorzimmerteppich. Menschen! dachte
er verstimmt. Haben einfach von nichts eine Ahnung. Grollend zog er sich unter ein Sofa zurück

und versuchte, seine noch immer schwarze Pfote mit der Zunge zu säubern.

Auf einer geräumigen Wolke saßen mehrere Engel und sortierten Briefe.

»Was sich die Menschen so alles wünschen!« sagte einer der Engel kopfschüttelnd.

»Weiß jemand, was ein Computerspiel ist?« rief ein anderer.

»Keine Ahnung«, sagte ein dritter. »Noch nie gehört. Wie ich neu hier war, haben sich die Kinder Märchenbücher und Zuckerwerk vom Christkind gewünscht. Allerhöchstens einmal warme Winterschuhe.«

»Oh, was haben wir denn da?« Einer der Engel hob ein weißes Papier mit schwarzen Pfotenabdrücken hoch. »Der Absender muß eine Katze sein. Das kommt nicht oft vor. Kann wer zufällig die Katzenschrift lesen?«

»Der Oberpostengel, soviel ich weiß«, rief jemand.

Und so landete der Brief mit den schwarzen Pfotenspuren auf einer rosaroten Eilwolke, die für den Oberpostengel bestimmt war.

»Du lieber Himmel, ein Brief von einer Katze! So was hab ich zuletzt vor mehr als dreihundert Jahren in den Händen gehabt«, brummte der Oberpostengel. Er setzte eine goldgefaßte Brille auf und studierte eine Weile die schwarzen Spuren auf dem Papier. »Keine Chance«, murmelte er schließlich, »das muß an allerhöchster Stelle erledigt werden.« Und er gab den Brief einem Expreß-Engel mit, der soeben vorbeiflog.

Das Christkind nahm gerade einen Stapel Post aus dem Fach mit der Aufschrift »Unmögliches«. So ganz nebenbei fiel sein Blick auf das Blatt Papier, das der Expreß-Engel abgegeben hatte. Das Christkind lächelte . . . Wenig später lag der Wunschzettel, den Novalis geschrieben hatte, in der Abteilung »Genehmigt«. Versehen mit der eigenhändigen, allerhöchsten Unterschrift.

Novalis war wieder einmal beleidigt. Sie ließen ihn nicht auf den Tannenbaum klettern, den sie im großen Zimmer aufgestellt hatten. Sie schimpften, weil die Silberbälle alle zerbrochen waren. Er hatte doch nur ausprobiert, ob wenigstens einer hüpfen konnte. Und von den Glitzerfäden am Baum war ihm schrecklich schlecht geworden. Jetzt lag er unter dem Sofa und nahm übel.

Weihnachten ist blöd, dachte er. Nie wieder schreib ich dem Christkind einen Brief.

Die großen Menschen stapelten Pakete rund um den Tannenbaum. Es raschelte interessant, und Novalis kam unter dem Sofa hervor. Aber jetzt war es ihnen wieder nicht recht, daß er anfing auszupacken. Obwohl er das mit seinen Krallen wirklich hervorragend konnte.

»Das ist kein Kater, das ist eine Katastrophe«, sagte einer der Menschen.

Novalis verstand nicht genau, was damit gemeint war. Aber daß es nichts Freundliches war, merkte auch der dickfelligste Kater. Und Novalis war nicht besonders dickfellig.

Er ging, um bei Tina Trost zu suchen. Die Zimmertür war wieder einmal zu. Auch das noch. Und niemand reagierte auf seine empörte Beschwerde. Zur Strafe kratzte er am Spannteppich. Dann legte er sich in eine Schachtel unter dem großen gemauerten Ofen und beschloß, Weihnachten zu verschlafen. Nach Katzenart schlief er auch tatsächlich sofort ein.

Novalis wachte von Tinas Stimme auf. »Novalis ist weg. Ich find ihn nirgends«, beklagte sie sich. »Ohne ihn kann man doch nicht Weihnachten feiern.«

Novalis fühlte sich verstanden, gähnte zufrieden und kam aus seinem Versteck.

»Wir lesen noch eine Weihnachtsgeschichte, bis es ganz dunkel ist«, sagte einer der großen Menschen.

»Komm zuhören, Novalis!« rief Tina. »Geschichten sind fein.«

»Na gut, weil Weihnachten ist«, dachte Novalis friedfertig und legte sich neben Tina aufs Sofa.

Der Mensch mit der tiefen Stimme begann, aus einem dicken Buch vorzulesen.

Den Anfang der Geschichte versäumte Novalis, weil er versuchte, eine Fliege zu fangen. Aber dann hörte er zu. Es war alles ganz furchtbar traurig. Nirgends wollte man Josef und Maria einen Schlafplatz und was zu essen geben. Wo es doch so kalt draußen war. Novalis war nicht ganz sicher, ob mit Josef und Maria Menschen oder Katzen gemeint waren. Das machte aber auch keinen Unterschied. Nicht einmal einen Menschen durfte man bei so einem Wetter fortjagen! Er schüttelte sich bei dem Gedanken an Schnee, Kälte und Hunger.

»Seid barmherzig, laßt uns ein«, las der große Mensch.

Novalis stellte die Ohren auf. Irgendwas scharrte an der Tür. »Packt euch fort, hier ist kein Platz für euch«, las der Mensch weiter. Diesmal war das Geräusch an der Tür nicht zu überhören. »Paßt ja direkt zur Geschichte«, sagte der Mensch. Er legte das Buch weg und ging hinaus, um nachzuschauen.

»Seht einmal, was da draußen war«, sagte der Mensch, als er wieder hereinkam. Er setzte ein struppiges, nasses Etwas auf den Fußboden, das sich zunächst einmal kräftig schüttelte und dann dreimal nieste.

»Das könnte eine Katze werden, wenn es trocknet«, dachte Novalis. Er ging schnuppernd näher. Das nasse Etwas nieste wieder und wich vor Novalis zurück.

»Kommst du vom Christkind?« fragte Novalis.

»Kenn ich nicht«, sagte das Nasse. »Ich geh am besten wieder.«

»Kommt nicht in Frage«, brummte Novalis. »Du bist mein Weihnachtsgeschenk.«

»Ich koche Fisch für die Katzen«, sagte der Mensch mit der hellen Stimme.

Noch ein Geschenk, staunte Novalis. Nie wieder schimpf ich auf Weihnachten.

Nach einer Weile kam der Mensch mit der hellen Stimme wieder und sagte zu dem Menschen mit der dunklen Stimme: »Hast du schon bemerkt? Im ganzen Haus kann man die Türen nicht mehr zumachen. Sie klemmen oder so was Ähnliches.«

»Also gründlich ist es. Das muß man dem Christkind wirklich lassen«, dachte Novalis.

Helmut Sakowski

Die Maus im Weihnachtsbaum

Am liebsten höre ich wahre Geschichten, deshalb bettle ich oft vor dem Schlafengehen:
»Großmutter, bitte erzähl was von früher.« Früher, das war, als mein Vater so klein gewesen ist wie ich oder ein bißchen größer.

Damals wurde Weihnachten anders gefeiert als heute. Am Morgen des Heiligen Abends sagte mein Großvater zu meinem Vater: »Es ist soweit, mein Junge.«

Dann gingen sie hinaus in den Winterwald und suchten einen schönen grünen Tannenbaum, den sägten sie ab. Mein Großvater war Gespannführer bei der Forstwirtschaft und hatte die Erlaubnis. Und weil es damals noch richtige Winter gab, banden sie den Baum auf dem Schlitten fest und zogen ihn durch den Schnee heimwärts. Dann wurde der Baum in die Stube gestellt und geputzt. Meine Oma hängte rotbäckige Äpfel in die Zweige und echte Nüsse, die hatte sie mit Ofenrohrfarbe versilbert, und weil Schokolade zu teuer war, backte sie Butterkringel und baumelte sie an der Spitze des Baumes auf, damit man nicht gleich hinlangen konnte. Die Stube duftete nach Tannenharz, und die Kerzen waren nicht künstlich, sondern konnten echt flackern. Das war eine schöne Bescherung.

Meine Großmutter erzählte: »Weißt du, Katja Henkelpott, da standen wir nun und sangen ›Stille Nacht, Heilige Nacht.‹ Mit einem Mal sah ich mitten im feierlichen Singen, wie eine Maus am Tannenbaum emporkletterte. Sie biß den Faden ab, stahl sich den besten Kringel und begann, ihn in aller Seelenruhe zu verzehren. Dein Vater sah es auch. Er hatte einen Flitzbogen beschert bekommen, und nun wollte er doch wahrhaftig die Maus vom Weihnachtsbaum herunterschießen. Wir waren gerade bei den höchsten Tönen angekommen: ›Christi, der Retter, ist da-ha.‹ Ich fiel dem Jungen in den Arm und sprach: ›Heute nicht.‹ Damals wurden auch die Tiere am Heiligen Abend beschert.«

Es war Frühling, als meine Großmutter von Klein-Weihnachten für die Tiere erzählte. Da hörte ich das Geräusch, wie von einem feinen Regen, und dann sah ich das Mäuslein. Es kramte im Papierkorb, fand aber nichts zum Beißen, huschte aufwärts am Besenstiel und sprang mit einem Satz ins Küchentuch. Meine Oma bekam den durchbohrenden Blick. Die Maus hangelte zum Tellerbord hoch, spazierte über die Gewürzbüchsen, Pfeffer ist viel zu scharf für eine Maus. Sie sprang auf den Kühlschrank, dort steht die Schale mit den Äpfeln.

So lange hatte meine Großmutter erschüttert zugesehen. Jetzt schlug sie mit dem Besen zu. Die Maus ist schneller gewesen. Ich weiß vom Trickfilm, wie schlau die Mäuse sind. Nicht mal die Katze kann sie kriegen. Da stellte meine Oma eine große Kastenfalle auf, und weil sie schlauer als das Fernsehen ist, ging ihr das Mäuslein ins Garn. Meine Großmutter sprach: »Trag sie hinaus zu den Katzen, Katja Henkelpott, damit sie sich im Jagen übe.«

Ich schielte auf meine Nasenspitze und trug die Falle vor mir her wie einen kleinen Sarg. Ich war mit der Maus nicht befreundet, aber es hat mir leid getan, daß ich sie den Katzen vorwerfen sollte. Deshalb trug ich sie vorsichtig bis zu Frau Greiners Gehöft. Es ist die Besitzerin der Flugente, eine tierliebe Frau. Die Tür stand gerade offen.

Ich glaube, die Maus hat mir zugewinkt, ehe sie im Haus verschwand. Auf Wiedersehen, Katja Henkelpott!

Gudrun Pausewang
Ein Nikolaus in Räuberstiefeln

Schon drückte Max dem Räuber die Rute in die
Hand, schob ihm ein dickes Telefonbuch unter
den Arm, das mit Goldpapier beklebt war, und
zerrte ihn aus dem Zimmer hin zum Bühnenein-
gang. Er wuchtete ihm den Sack auf die Schultern,
und sobald das Glöckchen zu bimmeln begann,
schubste er ihn auf die Bühne. Die Engelchen
folgten ihm scheu. So einen gewaltigen Nikolaus
hatten sie noch nie gesehen!
Im Scheinwerferlicht mußte Grapsch blinzeln.
Alle Leute im Saal klatschten begeistert. Was für
ein stattlicher Nikolaus!
»Hallo, Nikolaus!« riefen ein paar Kinderstim-
men.
»Lieber Nikolaus«, rief der Bürgermeister und
schob Grapsch zum Rednerpult, »sagen Sie unse-

ren Kindern erst ein paar Worte, bevor Sie zur Bescherung schreiten!«

Grapsch räumte mit einem Tritt das Pult weg, das ihm im Weg war, nahm den Sack von der Schulter, stellte ihn vor sich auf den Boden und sagte mit dröhnender Stimme: »Ich komm aus dem Rabenhorster Wald und soll so tun, als ob ich ein alter Großvater wäre, der Nikolaus heißt. Und ich soll euch vorschwindeln, daß ich in diesem Buch da allerlei über euch gelesen hab. Dabei kann ich gar nicht lesen, haha! Hier im Sack ist angeblich Backzeug drin, süßes. Mal sehn, ob's stimmt.«

Er ließ das Buch fallen, öffnete den Sack, griff hinein und stopfte sich Hände voll Gebäck in den Mund. Mit vollen Hamsterbacken fuhr er fort: »Das soll ich an euch Knirpse verteilen – lauter Zeug, das in den Ladenregalen liegengeblieben ist. Ich rate euch, ihr Schlümpfe, eßt es nicht! Warum ich den Mampf runterwürge? Weil ich Hunger hab! Vor Hunger hab ich in den letzten Tagen schon Heu gefressen!«

Kleine wie Große im Saal waren sprachlos.

»Ich soll euch auch ein bißchen drohen, euch kleinem Gemüse«, fuhr Grapsch fort. »Aber das tu ich nicht. Ihr seid ja in Ordnung, ihr Dreikäsehochs. Nur den Großen werd ich jetzt mal meine Meinung geigen. Denn denen droht nämlich niemand mehr. Weil sie schon groß sind.«

Und er schwang die Rute und brüllte, daß der Saal

zitterte: »He, ihr Großen – an euch sollen sich die Kleinen ein Beispiel nehmen? Schwindelt ihr etwa nicht, wenn's zu eurem Vorteil ist? Seid ihr etwa nicht schadenfroh? Nicht wild aufs Geld aus? Das muß euch ausgetrieben werden, ihr großen Juckenauer, ihr Heuchelfritzen! Und das tu ich jetzt – damit ihr auch mal ein bißchen Angst kriegt, ihr aufgeblasenen Ochsenfrösche!«

Mit einem mächtigen Satz sprang er von der Bühne in den Saal. Dabei flatterte der rote Mantel hoch, und seine Stiefel wurden sichtbar.

Seine Stiefel? Polizeihauptmann Stolzenrück erkannte sie: Es waren die Polizeihauptmannsstiefel, die Grapsch ihm geraubt hatte!

»Alaaaarm!« schrie er, »höchste Alarmstufe! Räuber Grapsch ist im Saal – rette sich, wer kann!«

Jetzt sprang der Bürgermeister hinter das Pult auf der Bühne, fuchtelte mit den Armen und krähte: »Ruhe ist die erste Bürgerpflicht! Kein Grund zur Beunruhigung – die Stadtverwaltung hat alles im Griff!«

Aber niemand hörte auf ihn, denn schon drosch Grapsch mit der Nikolausrute auf die herausgeputzten Damen und Herren ein, daß es nur so pfiff. Das gab ein Gequietsche und Geschimpfe! Teure Frisuren lösten sich auf, Hüte rollten, Handtäschchen kamen abhanden, Schuhe blieben zurück. Alle drängten dem Ausgang zu, Große wie Kleine, auch die Chöre und die Polizei-

Blaskapelle. Nicht einmal Anton Specht wagte Grapsch aufzuhalten, sondern rannte mit den anderen davon. Viele sprangen durch die Fenster in den hohen Schnee, wo sie zum Glück weich landeten. Ein paar Polizisten versuchten, Grapsch zu überwältigen. Er warf sie allesamt durch die Fenster den anderen nach.

Dann, mitten im Angst- und Wehgeschrei der Großen, hörte er einen kleinen Jungen rufen: »Lieber Räuber Grapsch, der dort ist mein Lehrer!« Grapsch langte sich den, auf den der Kleine zeigte, und warf ihn den Polizisten hinterher.

Der Saal leerte sich in Windeseile. Bald stand Grapsch allein in dem großen Raum. Auch Max war verschwunden. Auch alle Kinder hatten sich aus dem Staub gemacht. Nur die zwei Engelchen standen noch auf der Bühne und schluchzten.

»Da gibt's nichts zu flennen, ihr Kullerköpfchen«, knurrte Grapsch. »Das war nur eine kleine Weihnachtserfrischung für die Großen. Mal was anderes.«

Er ließ die beiden ihre Nachthemden aufhalten und schüttelte ihnen Gebäck hinein. »Besucht mich mal im Wald«, sagte er. »Da könnt ihr mit Quarka und Lisbeth an der Stange rutschen.«

Aber die Engelchen machten, daß sie davonkamen.

Grapsch schaute sich um und räusperte sich. Das klang wie Donnergrollen in dem leeren Saal.

Schuhe lagen herum, gerissene Halsketten, umgeworfene Stühle. Auch eine Trompete, drei Brillen, einen Walkman und ein Gebiß entdeckte Grapsch auf dem Parkett.

»He«, röhrte er, daß es über das Städtchen bis in den Wald schallte, »wo bleibt mein Fünfziger? Ich hab mit aller Kraft gearbeitet. Ich habe ihn mir ehrlich verdient!«

Aber niemand antwortete ihm. Nur das Echo seiner Stimme hallte von den Saalwänden wider.

»Also gut«, knurrte er, »da nehm ich eben den Sack als Lohn mit. Es ist ein guter Sack, ein prima Räubersack, den kann ich brauchen. Und über das, was drin ist, wird sich Olli freuen.«

Er schälte sich aus dem Mantel und schleuderte ihn weg, warf Mütze und Rute hinterher, schulterte den riesigen Sack und stampfte durch den Saal davon. Die Trompete, die Brillen und das Gebiß hob er auf: zum Spielen für Quarka und Lisbeth.

Er stapfte heimwärts durch den tiefen Schnee, quer durch die Stadt. Hinter den Gardinen drängten sich die Juckenauer und beobachteten ihn mit Schaudern. Aber niemand wagte sich ihm in den Weg zu stellen.

Hanna Herzig
Zum letztenmal Thomas

Advent! Das ist angeblich die stillste Zeit im Jahr. Tanja und ich wüßten gern, wo das so ist. Bei uns bestimmt nicht.

Heuer war es besonders schlimm. Ein ganzes Wochenende hatten wir geschuftet. Papa hatte die Fenster geputzt und Mama die Türen gewaschen. Tanja war mit dem Staubsauger durch die Wohnung gesaust, und ich hatte die Möbel abgewischt. Am Sonntag abend waren wir alle todmüde. Am Montag zerbiß Dagobert einen Diwanpolster. Der Polster war mit kleinen Daunenfedern gefüllt gewesen. Sie lagen nun überall in der Wohnung. Wirklich überall. Am Dienstag hatte Pom Durchfall. Mama jammerte, Papa schimpfte, Tanja und ich zitterten. Es war sehr vorweihnachtsgemütlich.

Tanja und ich basteln immer viele Weihnachtsgeschenke. Das kommt billiger, und Tanja sagt, alle freuen sich über unsere Erzeugnisse. Ich bin mir da nicht so sicher. Was würde wohl Frau Nowak Freude machen?

Tanja und ich bekamen neue Stiefel. Die waren zwar Weihnachtsgeschenke, aber keine Überraschung. Schuhe muß man probieren. Mama ging mit uns ins Schuhgeschäft. Dabei wäre beinahe etwas Entsetzliches passiert. Pom war mit. Tanja sagte: »Platz!«, und er legte sich ganz brav unter einen Stuhl. Wir probierten und probierten. Endlich hatten wir beide passende Stiefel. Die Verkäuferin packte sie ein, Mama zahlte, und wir gingen nach Hause.

Im Hausflur schrie Tanja plötzlich auf. Sie hatte Pom im Geschäft vergessen. Wie die Wilden rannten wir zurück. Still und unbemerkt lag Pom unter dem Sessel. So artig zu sein ist auch nicht ungefährlich!

»Die Verkäuferin hat gesagt, so einen Hund hat sie noch nie gesehen!« erzählte ich stolz.

»Das glaube ich«, sagte Mama. »Pom ist einmalig!«

»Ja, ja, unser schönster Hund!« sagte Papa.

»Wieso?« fragte Tanja. »Wir haben doch nur einen Hund.«

»Eben!« sagte mein Vater.

Das war boshaft von Papa. Ich geb ja zu, Pom ist

keine Schönheit. Langsam wird er ein erwachsener Hund, aber er wird nur lang, nicht hoch. Von seiner Mutter hat er die kurzen, krummen Beine. Sein pummeliges Kindergesicht hat er verloren, die Nase wird lang und schmal. Mit seinen Hängeohren hat er ein richtiges Dackelgesicht. Sein geflecktes Fell und der kräftige Körperbau erinnern an seinen Dalmatiner-Papa. Tanja und mir gefällt er, so wie er ist.

Etwas Schönes hat die Vorweihnachtszeit. Es duftet!

Ich kam in die Küche. »Oh, da riecht es aber gut!« rief ich. »Weihnachtskekse! Darf ich helfen?«

»Du willst ja nur naschen!« Tanja stellte sich schützend vor eine Schüssel mit Haselnußbusserln, die auf der Anrichte stand.

»Weihnachtskekse gibt es erst zu Weihnachten!« sagte Mama.

»Gar nicht wahr!« rief ich. »Papa hat heute eine ganze Tüte in der Schule mitgehabt!«

»Na und«, sagte Mama. »Meine kriegst du jedenfalls nicht!«

Die Wohnungstür knarrte. Noch im Mantel trat Papa in die Küche. »Mmmh!« sagte er. »Wo sind die zerbrochenen Kekse, die dringend vertilgt werden müssen?«

»Wir zerbrechen nichts!« rief Tanja.

»Schade!« sagte mein Vater.

Mama holte ein Blech mit Schokoladenbäckerei aus dem Ofen.

»Schaut!« sagte Tanja. »Pom hätte auch gern Kekse.«

Pom machte Männchen.

Wie ein Denkmal saß er aufrecht da und starrte Mama sehnsuchtsvoll an. Den Blick macht ihm keiner nach.

Mama drehte sich nach ihm um, das Backblech in ihren Händen neigte sich immer mehr zur Seite – und alle Kekse rutschten auf den Fußboden.

Pom stürzte sich auf diese unerwartete Gabe. Aber Papa war schneller. Er schnappte Pom und hob ihn auf.

»Kekse, die auf dem Boden gelegen sind, kann man nicht für Weihnachten aufheben!« sagte er.

»Aber sie gehören uns allen. Gut, daß es bei uns so sauber ist, daß man vom Boden essen kann. Wie wär's mit heißem Tee dazu?«

Damit waren wir einverstanden.

Mama füllte eine Schachtel mit Weihnachtskeksen. »Die sind für Frau Nowak«, sagte sie. »Und morgen gehst du mit, Thomas.«

»Morgen!« Ich war empört. »Mein Geschenk für Frau Nowak ist doch noch nicht fertig!«

»Meine Weihnachtsgeschenke sind schon eingepackt«, sagte Tanja. »Du hättest eben früher anfangen sollen.«

»Blöde Kuh«, knurrte ich.

Manchmal kann einem Tanja schon sehr auf den Nerv gehen.

»Streitet nicht«, sagte Mama. »Ich hab eine Idee. Wir laden Frau Nowak für Sonntag ein. Bis dahin ist dein Weihnachtsgeschenk fertig, Thomas. Du kannst Frau Nowak mit dem Auto holen, Stefan.«

»Drei Tage vor Weihnachten?« fragte Papa.

»Dafür muß Zeit sein!« sagte Mama. »Was meinst du, wie Frau Nowak sich freut, Dagobert wiederzusehen. Ich ruf gleich an!«

Luise Rinser

Drei Kinder und ein Stern

Am nächsten Tag kamen sie in dichtbewohntes Gebiet, das war das Land Israel. Sie ritten am Fluß Jordan entlang. Es gab viele Städte und einige mit Palästen, die gehörten dem König, der Herodes hieß, wie sie erfuhren. Viele Leute verstanden Syrisch und Griechisch und andre Sprachen, und die drei konnten sich gut verständigen. Natürlich gab es überall einen Volksauflauf, als da drei Kinder mit zwei Pferden und zwei Kamelen ankamen. Und natürlich wollten alle Leute wissen, woher sie kamen und wohin sie wollten. Sie gaben höflich Antwort über ihre Herkunft, aber über ihr Ziel sagten sie nichts. Sie fragten nur so ganz nebenbei: »Ist hier ein Prinz geboren?«

»Ein Prinz? Nein, davon wissen wir nichts. Wenn einer geboren wäre, dann wüßten wir es doch.

Das wäre ein großes Fest. Nein, nein, wir haben keinen neuen König, wir haben nur den alten König Herodes.«

»Sonderbar«, sagte Melchior.

»Nicht sonderbar«, sagte Balthasar. »Weißt du nicht mehr, was die uralte Araberin gesagt hat? Sucht nicht in einem Königspalast, sucht in einem Stall.«

»In einem Stall kommt doch kein Prinz zur Welt, das ist doch Unsinn«, sagte Melchior.

Aber Kaspierina sagte: »Kein gewöhnlicher Prinz, und sein Vater heißt nicht Herodes, er heißt Jussuf, und die Mutter heißt Mirjam. Sie sind nicht König und Königin, aber ihr Sohn ist doch ein Königssohn, so steht es in einem Buch.«

»Das versteh, wer kann«, sagte Melchior.

»Vielleicht«, sagte Balthasar, »haben wir das Wort Stall falsch verstanden. Hieß es nicht Höhle? Vielleicht ist es hier Sitte, daß Kinder in einer Höhle geboren werden?«

»Aber es soll ja ein Prinz sein, und niemand weiß was davon. Wir haben sicher die ganze Geschichte falsch verstanden. Was tun wir jetzt? Wir können doch nicht jeden Stall und jede Höhle absuchen nach einem neugeborenen Kind.«

»Halt!« sagte Balthasar. »Mir fällt etwas ein: Wir müssen die Leute fragen, ob hier irgendwo Kamelkarawanen angekommen sind.«

»Das heißt, wir müssen unsere Väter suchen«, sagte Melchior.

Sie fragten also die Leute nach Kamelkarawanen. »Jaja«, sagten die Leute, »es waren welche da, die gingen zum König, und dann zogen sie gleich wieder fort.«

Ein andrer sagte: »Es waren Könige von weither, sie wollten ein Kind suchen.«

»Still, du«, sagte eine Frau, »still. Wir haben schon genug Ärger.«

»Warum?« fragte das Mädchen.

»Frag nicht«, sagte die Frau. »Schau einmal um dich, ob du kleine Kinder siehst.«

»Ich sehe keine«, sagte das Mädchen. »Wo sind sie alle?«

Da fing die Frau zu weinen an, und viele Leute weinten mit ihr.

Irgend etwas Schreckliches mußte passiert ein, aber niemand sagte etwas darüber.

Da kamen Soldaten geritten und trieben die Menge auseinander. Die Leute zogen sich in die Häuser zurück, aber von dort warfen sie Steine nach den Soldaten und schrien: »Mörder, Kindermörder! Fluch über König Herodes! Er soll büßen für seine unmenschlichen Taten!«

Die Soldaten drohten ihnen mit ihren Spießen, aber die Leute schrien weiter aus dem Innern der Häuser, deren Türen sie verrammelt hatten.

Die Soldaten drohten auch den dreien. »Schert euch zum Teufel, ihr lästigen Ausländer. Steckt eure Nasen in euern eigenen Dreck.«

Die drei verstanden nicht genau, was sie sagten, aber sie sahen, daß man ihnen mit Spießen drohte. Da ritten sie rasch weg. Erst weit außerhalb der Stadt machten sie halt.

Da sahen sie einen frisch aufgeworfenen hohen Hügel, an dem eine Frau saß, ganz allein. Sie wiegte ihren Oberkörper hin und her und sang ein Klagelied. Das klang schaurig. Die drei wagten lange nicht, sich ihr zu nähern.

Da kam eine andre Frau, und die erste stand auf, um fortzugehen. Die zweite setzte sich an ihren Platz und begann den Klagegesang.

Als die erste an den dreien vorbeiging, wagte das Mädchen sie anzusprechen: »Für wen klagst du?« Die Frau schaute sie wild an. »Was fragst du, Fremde? Weißt du nicht, was geschehen ist?«

»Sag du es mir!«

»Ich will es dir sagen: Unter diesem Hügel liegt mein totes Kind, und es liegen hundert andre dort, alles Kinder unter zwei Jahren, und alle ermordet.«

»Erklär es mir.«

»Komm her, du, ganz nah, und sag es nicht weiter, es kostet dich und mich das Leben. Hörst du? Unser König ist wahnsinnig geworden. Er hat in alten Büchern gelesen, daß in diesem Land ein Prinz geboren wird, der König sein wird in Israel und in vielen Ländern, mächtiger als Herodes und alle Könige, und er wird allen Reichtum verteilen an alle Leute, daß jeder gleich viel hat, und er wird das Töten verbieten und er will alle Waffen einschmelzen und nützliche Dinge draus machen, und es wird keine Kriege mehr geben. So ein König wird das sein, ein Weltkönig, ein ganz Gerechter und ganz Guter.«

»Aber«, sagte das Mädchen, »das wäre doch sehr schön. Warum hat Herodes davor solche Angst?«

»Weil er dann keine Macht mehr hätte, Krieg zu führen und Menschen umzubringen, und weil er Angst hat, daß man ihm seinen Reichtum wegnimmt und an uns alle verteilt.«

»Versteh ich«, sagte Melchior. »Da hätte mein Vater vielleicht auch etwas dagegen.«

»Ach, sei doch still«, sagte das Mädchen.

Die Frau redete weiter: »Und weil Herodes nicht will, daß so ein König regiert, hat er alle Kinder umbringen lassen. Aber eins der Kinder ist ihm entgangen. Eins hat überlebt, weil seine Eltern gewarnt worden sind und fliehen konnten.«

»Von wem gewarnt?«

»Hatten sie Kamele? War es eine Karawane? Waren es Könige?«

»Könige vielleicht. Einer war schwarz wie du, Mädchen. Sie gingen zum König. Man sagt, Herodes habe ihnen befohlen zurückzukommen, wenn sie das überlebende Kind gefunden hätten.«

»Damit er es umbringen kann«, sagte Kaspierina.

»Still«, sagte die Frau, »still. Geht weg, rasch!«

Gemma Lienas

Zwei Flügel und ein riesiges Problem

Aus dem Katalanischen von Sonja Hartl

Am 24. Dezember waren meine Mutter und ich morgens zusammen im Bad. Mama duschte. Ich putzte mir die Zähne. Mama summte unter der Brause vor sich hin. Ich dachte, daß sie gut gelaunt war.

Plötzlich flog die Tür auf, Enric kam herein und sagte: »Mama, in der Küche ist ein Engel.«

»Schön, Schatz, sehr schön«, antwortete ihm Mama. »Gieß dir schon mal ein bißchen Milch ein, ich komme gleich und mache dir das Frühstück.« Als Enric durch den Flur verschwand, steckte Mama ihren Kopf aus dem Duschvorhang, rubbelte auf ihren eingeschäumten Haaren herum und meinte: »Manchmal hat dein Bruder wirklich eine blühende Phantasie!«

Darauf konnte ich aber nichts erwidern, weil ich den Mund gerade voller Zahnpasta hatte. Da kam Enric zurück und platzte heraus: »Mama, der Engel sagt, er möchte Tee.«

»Sag ihm, er soll sich selber einen machen«, antwortete Mama. »Er muß nur Wasser aufsetzen.«

»Ist gut«, meinte Enric und verschwand im Flur. Mama steckte wieder den Kopf durch den Duschvorhang und überlegte: »Besser, wir spielen mit, was meinst du?«

Ich konnte gar nichts dazu sagen, weil ich gerade gurgelte und den Mund voller Wasser hatte. Da kam Enric schon wieder und verkündete: »Mama, der Engel fragt, ob du keinen chinesischen Tee hast. Der in der Kanne schmeckt ihm nicht.«

Mama, gerade dabei, sich in ihren Bademantel zu wickeln, antwortete ein bißchen spöttisch: »Sag ihm, wir haben nur diesen. Wenn er ihm schmeckt, ist es recht, wenn nicht, genauso.«

Enric zog eine Schnute und ging, ohne noch etwas zu sagen.

Mama lugte verwundert unter dem Handtuch hervor, mit dem sie sich die Haare trocknete. »Wo hat dein Bruder nur immer diese Sachen her? Es kann doch gar nicht sein, daß er unterschiedliche Teesorten kennt.«

Ich knurrte: »Mprrrm mprrrm«, genauso wie

Papa und Mama, wenn sie nicht verstanden werden wollen, weil ich, ehrlich gesagt, nicht wußte, was ich dazu sagen sollte. Ich stellte den Zahnputzbecher auf die Ablage und die Zahnbürste in das Zahnbürstenglas.

Enric, der wohl schon vergessen hatte, daß er beleidigt war, kam noch einmal: »Der Engel fragt, ob du nicht ein bißchen Butter und Orangenmarmelade hättest, die er sich aufs Brot streichen könnte.«

»Wenn im Kühlschrank nichts ist, dann in der Vorratskammer«, antwortete Mama. Ich hatte den Eindruck, daß sie das Spielchen langsam satt hatte und daß Enric sich Ärger einhandeln würde, wenn er keine Ruhe gab.

Mama konnte sich gerade mal anziehen und kämmen, bis Enric schon wieder erschien. »Der Engel fragt, ob du keine Bitterorangenmarmelade hast. Die andere ist ihm zu süß.«

Mama schnaubte. Enric schaute sie ganz verständnislos an, und schließlich sagte er: »Dann sprich du doch mit dem Engel.«

»Genau das werde ich tun«, machte Mama und verließ sehr würdig das Bad. Enric und ich stürmten hinter ihr her.

Es war er!

Ich erkannte ihn sofort. Es war der Engel von der Weihnachtskarte, die mir mein Vater am Abend vorher geschenkt hatte. Die gleichen großen Silberflügel. Die gleichen glatten, kastanienfarbenen Haare im Pagenschnitt. Der himmelblaue Umhang, die braunen Sandalen. Und dieses Gesicht mit den honigfarbenen Augen von einem, der kein Wässerchen trüben kann.

Mama blieb wie angewurzelt in der Tür stehen.

Der Engel, der am Küchentisch saß und eine Tasse Tee trank, erhob sich.

»Sehr erfreut, gnädige Frau«, grüßte er meine Mutter sehr höflich. Ich hatte den Eindruck, daß Mama ziemlich verwirrt war. Sie machte einen Knicks. Es war ihr anzumerken, daß sie überhaupt keine Erfahrung im Umgang mit Engeln hatte und daß sie nicht so recht wußte, was sie tun sollte.

»Ganz meinerseits, mein Herr«, sagte Mama und erwiderte seinen Gruß.

»Gabriel«, gab er zurück. Und er fügte hinzu: »Hätten Sie nicht vielleicht ein wenig Bitterorangenkonfitüre?«

»Mein Name ist übrigens Elvira«, entgegnete Mama. »Nein, es tut mir wirklich sehr leid, aber Bitterorangenkonfitüre, wenn ich mich recht entsinne, ist keine mehr da.«

Ich betrachtete den Engel, der sich wieder auf den Stuhl gesetzt hatte, und zwar ganz vorne auf die Kante, wahrscheinlich um sich nicht die Flügel zu verbiegen. Dann rief meine Mutter nach mir:

»Joan, komm mal!«

Ich hatte hinter ihr gestanden, um ja nichts zu verpassen, und dachte, daß Mama dem Engel jetzt erklären würde, wer ich war. Vielleicht würde sie sagen: »Das ist mein ältester Sohn, das Schmuckstück des Hauses.« Oder: »Das ist Joan, ein Junge, wie es nur selten einen gibt.«

Statt dessen sagte sie aber, als sie mich sah: »Geh mal in die Vorratskammer, und hol alle Marmeladengläser, die du finden kannst.«

Ich sammelte sämtliche Marmeladengläser zusammen, die auf dem Regal aufgereiht standen: Himbeere, Heidelbeere, Kastanie, Johannisbeere . . . Alle möglichen Sorgen, weil meine Mama nämlich den Fimmel hat, Marmelade zu kochen . . .

Ich brachte sie ihr.

Mama bot dem Engel jedes Glas einzeln an, aber er bestand darauf (allerdings sehr, sehr höflich), ausschließlich Bitterorangenkonfitüre zu essen.

Also schickte mich Mama in den Supermarkt, damit ich ein Glas besorgte. Und ich dachte mir, daß wir ein ganz schönes Theater mit diesem pingeligen Engel hatten. Als ich vom Supermarkt zurückkam, saß Mama immer noch mit dem Engel in der Küche. Sie tranken Tee und schwiegen. Der Engel sah aus, als ob er im Himmel wäre. Ich meine, man sah ihm an, daß er sehr zufrieden war. Mama dagegen wippte mit dem rechten Bein, was bedeutete, daß sie nervös war. Wahrscheinlich wußte sie nicht recht, was sie mit ihm reden sollte. Es sah auch überhaupt gar nicht so aus, als ob der Engel sich sehr bemühte, ein Gesprächsthema zu finden. Der Engel betrachtete Mama mit einem etwas dümmlichen Lächeln, ungefähr so wie Julià das machte, das ist ein arg verträumter Junge aus meiner Klasse.

Meine Ankunft mit dem Glas Bitterorangenkonfitüre belebte die Situation ein wenig.

Als Mama dann die Bitterorangenkonfitüre auf die Brotscheiben strich, sprang sie plötzlich auf. Sie machte ein Gesicht, als ob sie gerade eine glänzende Idee gehabt hätte.

»Ja, also . . .«, begann sie, etwas unschlüssig, wie sie es anpacken sollte, »Sie, Gabriel, sind sicher gekommen, um uns die Botschaft zu verkünden, nicht wahr?«

Mama war anzusehen, daß sie nun sehr mit sich zufrieden war.

»Die Botschaft?« fragte Gabriel überrascht und biß kräftig in die Scheibe Brot, die Mama ihm angeboten hatte. »Welche Botschaft?«

»Die Frohe Botschaft«, beharrte Mama.

»Aber nein, Elvira, nein. Weder eine frohe noch eine traurige. Ich bin überhaupt nicht gekommen, um irgend etwas zu verkünden.«

»Ja, aber was machen Sie denn dann in unserer Küche?«

»Genau das würde ich auch gern wissen.«

Gabriel erklärte, daß er, kurz bevor er bei uns zu Hause landete, im Himmel gewesen war und einige seiner himmlischen Fähigkeiten ausprobiert hatte.

»Und plötzlich hörte ich: bloff!« erzählte Gabriel.

»Bloff?« machte Mama.

»Ja, ja: bloff. Und ich fand mich in eine Rauchwolke gehüllt. Und nachdem der Rauch sich aufgelöst hatte, saß ich hier in Ihrer Küche.«

»Das ist aber seltsam«, meinte Mama mit besorgtem Gesicht. »Sagen Sie, Gabriel, wissen Sie denn schon, was Sie tun müssen, um in den Himmel zurückzukommen?«

Gabriel schaute Mama traurig an und schüttelte den Kopf, ganz so, als ob ihm das, was er zu sagen hatte, schrecklich leid täte.

»Nein, nein, ich weiß es nicht. Meine himmlischen Fähigkeiten sind noch zu schwach, und ich beherrsche sie noch zu wenig.«

Mama stand auf und stellte das Marmeladenglas in den Kühlschrank. Eine Zeitlang sagte sie gar nichts. Aber schließlich sprach sie: »Machen Sie sich keine Sorgen, Gabriel. Solange Sie nicht zurückkönnen, fühlen Sie sich bei uns ganz wie zu Hause.«

Ich dachte: Gleich klatscht der Engel vor Freude in die Hände. Das hätte ich nämlich an seiner Stelle getan.

Aber der Engel nahm das Angebot ohne erkennbare Gefühlsregungen an, jeder weitere Kommentar war für ihn überflüssig, denn er hatte, noch bevor Mama überhaupt etwas gesagt hatte, schon längst beschlossen zu bleiben.

Dagmar Chidolue

Millie und der Adventskranz

Millie muß in der Adventszeit den ganzen Tag singen.

Macht hoch die Tür, die Tor macht weit.

Die Weihnachtstür natürlich. Noch vier Sonntage – und dann ist alles da, worauf Millie sich so freut. Der Tannenbaum und die Lichter. Und vor allem die Geschenke. Daß Geschenke so wichtig sind, darf man aber nicht so oft sagen.

Advent kann man nur richtig feiern, wenn man einen Adventskranz hat. Einen Adventskranz bekommt man entweder im Kaufhaus oder in der Gärtnerei. Die Kränze im Kaufhaus sind viel schöner als die vom Gärtner, bei dem Mama den Kranz kauft.

Die Kaufhauskränze sind nämlich herrlich geschmückt mit lila und roten und goldenen und silbernen Schleifen. Mit passenden Kerzen. Manche haben Fliegenpilze und weiße Beeren und rote Herzen und leuchtende Steine. *Diamanten. Brillanten.* Die Kränze, die es in der Gärtnerei gibt, sind nur grün. Mama geht nachmittags mit Millie und Trudel zum Gärtner. Vorher sind sie in einer Bäckerei gewesen. Jeder hat ein Stück Streuselkuchen bekommen. Millie, weil sie hungrig war. Und Trudel, damit sie still ist, obwohl sie eigentlich dafür ihren Schnuller hat. Und Papa wird auch ein Stück Kuchen bekommen. Dabei ist er gar nicht mit in die Stadt gegangen.

Millie hat ihr Stück Kuchen ganz schnell aufgegessen. Trudel, die in der Kinderkarre sitzt, beißt abwechselnd in den Kuchen und in ihren Schnuller. Sie schaut verwundert auf ihre Hände. Ist sie dumm? Jetzt fängt sie auch noch an zu jammern. Na, Millie erzählt ihr weiter von Weihnachten. Trudel hat es gern, wenn man ihr etwas erzählt. Millie meint zwar, die Schwester versteht noch keine Geschichten, sie hört aber zu und sitzt still, und das ist *die Hauptsache.* »Maria und Josef müssen also nach Hause laufen. Endlich sind sie da. Wo sind sie jetzt eigentlich, Mama?«

»Nach Bethlehem sind sie gelaufen«, sagt Mama. »Ach ja«, sagt Millie. »In Bethlehem gibt es aber keinen Platz für sie. In der ganzen Stadt nicht. Jede Wohnung ist voll. Sie klingeln an den Türen.«

»Damals hatten die Leute noch keine Klingeln«, sagt Mama. »Sie mußten an die Türen klopfen.«

»Klopf, klopf«, sagt Millie. »*Herein*, brüllt jemand. *Ist hier noch Platz?* fragt Josef. *Alles besetzt*, sagen sie. Was sollen sie machen? Das viele Herumlaufen ist für Maria ganz schön anstrengend.«

»Vielleicht hatten Maria und Josef ein Eselchen mit«, sagt Mama. »Da konnte Maria drauf sitzen.«

»Ja, so war das«, sagt Millie. »Also, jetzt finden sie eine Jugendherberge, und da ist Platz im Stall.«

»Keine Jugendherberge«, sagt Mama. »Eine Herberge ist so etwas wie ein kleines Hotel.«

»Ja, und da ist ein Stall angebaut. Mit Heu und Stroh drin. Und das Baby darf ruhig kommen. Jesus.«

»Und Ochs und Esel schauen zu«, sagt Mama.

»Windeln hatten sie auch von irgendwoher«, sagt Millie. Sie kann aber nicht weiterreden, denn jetzt sind sie vor der Gärtnerei.

Trudel kaut auch im Laden an ihrem Kuchenstück herum. Sie pult mit dem Finger die Streusel ab und steckt sie in den Mund. Den Rest krümelt sie auf die Erde. Um ihre Karre herum liegt schon ein ordentliches Häufchen Kuchenkrümel. Hat Mama noch nicht gemerkt.

Der Gärtner zeigt Mama viele Adventskränze. Was gibt es denn da so viel zu sehen? Sie sind groß und klein und *grün, grün, grün*.

Der Gärtner hat eine knarrige Stimme. Millie steckt sich die Finger in die Ohren und hält sie zu. Dann läßt sie wieder etwas von der Trompetenstimme hinein. Und danach drückt sie das Loch in den Ohren noch mal zu. Das hört sich komisch an. Der Gärtner sagt Nähosihodihoahoka.

Jetzt schaut Millie sich mal um. Sonst ist es zu langweilig. Was der Gärtner für schöne Blumen hat! Es gibt große und kleine Blumen. Rosa und hellblau. Weiße mit Fransen und gelbe mit Streifen. Hellrote, mittelrote und dunkelrote. Die sind aber schön. Sie haben viele Blütenblätter und sind weich wie Mamas Kußlippen. Millie muß den Finger in die Blume stecken. Mitten hinein. *Das fühlt sich gut an.* Millie muß ihren Finger in alle Blumen stecken. Manche haben in der Mitte Bröselchen.

»Millie!«

Hat Mama sie jetzt aber erschreckt. Millie fährt richtig zusammen.

»Du machst mir doch wohl nicht meine Blumen kaputt?« fragt der Gärtner.

Millie schüttelt den Kopf.

»Nein«, sagt sie und nimmt den Finger vorsichtig aus einer Blüte.

»Entschuldigen Sie bitte«, sagt Mama.

Der Gärtner sagt nichts. Er kneift seinen Mund zusammen.

Er ist *sauer*.

Mama kauft den größten grünen Adventskranz. Und acht winzig kleine Tannenzapfen. Wieso muß Mama die Tannenzapfen denn kaufen? Der Gärtner hat sie im Wald doch einfach aufgehoben.

Mama kauft auch noch eine Rose. Millie war schon mit ihrem Finger in der Blüte gewesen.

Jetzt macht der Gärtner ein freundlicheres Gesicht.

Trudel hat ihren Kuchen aufgegessen. Sie streckt Mama die verschmierten Hände hin. Mama bekommt einen Schrecken, als sie all die Krümel vor Trudels Karre sieht. »Entschuldigung«, sagt sie noch einmal.

Der Gärtner sagt: »Das macht doch nichts.« Er holt eine Schaufel und einen Handfeger und bürstet alle Krümel fort.

Den Adventskranz will Millie unbedingt nach Hause tragen. Ganz vorsichtig, als ob es Eier wären. Sie hat sich den Kranz über den Arm gehängt. Er ist schwer, und der Arm tut bald weh. Millie muß den Arm mit der anderen Hand stützen.

Wie gut, daß Mama Millie hat. Mama kann ja nicht alles alleine machen. Die Rose und den Kuchen für Papa tragen und die Karre der Schwester schieben.

Millie muß beim Tragen stöhnen. Das *muß* man,

wenn etwas sehr schwer ist. Und der Advents-
kranz sticht fürchterlich. Aber er riecht *sehr gut*.
Zu Hause probiert sie vor dem Spiegel aus, wie
sie mit dem Kranz auf dem Kopf aussieht. *Schön*.
»Du siehst aus wie eine Luziabraut«, sagt Papa,
der schon vom Büro nach Hause gekommen ist.
»Was ist denn das?« fragt Millie.
»In Schweden ist zur Weihnachtszeit die älteste
Tochter der Familie die Luziabraut«, erklärt Papa.
»Ich bin die Älteste«, sagt Millie.
»Sie trägt einen Kranz auf dem Kopf«, sagt Papa.
»Auf dem stehen brennende Kerzen. Es ist eine
Lichterkrone.« O ja. Das gefällt Millie gut. »Steck
doch schon mal die Adventskerzen auf den
Kranz, Papa.«
»Das ist ein Brauch in Schweden«, sagt Papa und
lacht. Er nimmt Millie den Kranz vom Kopf. »Und
Schweden ist weit weg.«
»Da fahren wir auch mal hin«, sagt Mama. »Zu
Weihnachten.«
»Und was machen wir mit all den Geschenken?«
fragt Millie.
»Ach du liebe Zeit«, sagt Papa. »Als ob so viele
Geschenke so wichtig wären. Wir haben früher
nur eine Pudelmütze und einen Baukasten be-
kommen. Und das hat gereicht.«
»Ich würde wirklich gern mal zu Weihnachten
wegfahren, um den ganzen Trubel nicht mitma-
chen zu müssen«, sagt Mama.

»Und Geschenke bekommen wir trotzdem?«
fragt Millie.

»Aber ja«, sagt Mama. »Und Weihnachtsbäume
gibt es schließlich überall.«

»Na ja«, sagt Papa. »Aber der zu Hause ist uns
doch der liebste.« Und da hat er recht.

Antonia Ridge

Jan und seine Holzschuhe

*I*n Holland, das wißt ihr vielleicht nicht, spielen
die Holzschuhe eine wichtige Rolle, das ganze
Jahr über und auch am Nikolausabend. Weil es
dort nämlich so viele Kanäle und Wasserläufe
gibt, trägt auf dem Land alt und jung Holzschuhe,
damit die Füße hübsch trocken bleiben. Und die
Kinder füllen am Vorabend von St. Nikolaus ihre
Holzschuhe mit Heu. In Holland kommt der Nikolaus nämlich auf einem silberweißen Schimmel
geritten, und das ist ein überaus kluges Tier. Es
schnuppert ein wenig an dem Heu in den Kinder-
holzschuhen und weiß dann gleich, ob der kleine
Bub oder das kleine Mädel, dem die Schuhe gehören, ordentlich und brav war oder etwa hie und
da einmal böse. Ist das Kind zu schlimm gewesen,
dann dreht der Schimmel den Kopf verächtlich

weg und verschmäht das Heu. Der heilige Nikolaus weiß also sofort Bescheid und auch sein Diener, der Schwarze Piet. Und es ist sehr fraglich, ob so ein Kind auch nur eine Nuß oder einen winzigen Lebkuchen bekommt!

Eigentlich war der kleine Jan ein besonders netter Bub und vertrug sich gut mit seinen älteren Geschwistern, dem großen Bruder Kees, der fast schon erwachsen war, und der lustigen, lieben Mina, seiner Schwester. Aber mit der Mutter geriet Jan des öfteren aneinander, denn er war leider ein unverbesserlicher Schlamper. Und das bekamen vor allen Dingen Jans Holzschuhe zu spüren. Was der Jan alles mit seinen Holzschuhen anstellte, das könnt ihr euch gar nicht denken! Zunächst einmal hielt er sie für wunderbare Schiffe. Schiffe waren Jans Leidenschaft, und er wünschte sich vom Nikolaus nichts als ein richtiges Segelschiff, das er auf den kleinen Kanälen fahren lassen konnte. Bis zum Nikolaustag war aber noch eine lange Zeit, und so mußten ihm eben bis dahin die Holzschuhe das Segelschiff ersetzen. Natürlich gehört zu jedem Schiff auch eine Ladung; deshalb belud Jan die Schuhe mit allem, was darin Platz fand: mit feinem Sand zum Beispiel, mit Kieselsteinen oder auch mit Blumen und Gemüse. Und manchmal bemannte er die Schiffe dazu noch mit einem Laubfrosch, mit Kaulquappen oder kleinen Weißfischen. Und weil sowohl Frösche als Kaulquappen und Fische Wasser brauchen, füllte Jan die Holzschuhe dann mit einem tüchtigen Schuß Schlammwasser!

Ihr könnt euch nun vorstellen, wie es um das Innere der Holzschuhe stand – und um Jans Strümpfe und Füße auch! Die Mutter hatte gut reden. Es half alles nichts. Aber dann ging das Jahr seinem Ende zu, und die Mutter wurde ernsthaft.

»Jan«, sagte sie, »denk daran, daß am 5. Dezember der heilige Nikolaus kommt. Du weißt doch, daß sein Schimmel es dem Heu in den Holzschuhen anriecht, ob die Kinder, denen sie gehören, folgsam und ordentlich waren? Ich sehe schwarz für dein Segelschiff, wenn du dich nicht noch gewaltig besserst. So, und jetzt nimm einen Eimer Wasser und ein Stück Seife, und feg deine Holzschuhe sauber, außen und innen. Und sorg dafür, daß sie so bleiben!«

»Ja, Mutter«, erwiderte Jan recht kleinlaut, denn diesmal war ihm die Strafpredigt durch und durch gegangen. Das Segelschiff, sein geliebtes, ersehntes Segelschiff, wollte er um keinen Preis verscherzen! Und er gelobte ernstlich, sich zu bessern.

Zunächst gelang es ihm auch wirklich. Wochenlang trabte er in seinen Holzschuhen so vernünftig und brav durch die Gegend wie alle andern Buben im Ort, und er kam immer mit vorbildlich warmen und trockenen Füßen nach Hause. Das ging so bis zum 5. Dezember. An diesem Tag, dem Tag, an dem der heilige Nikolaus samt Schwarzem Piet und weißem Schimmel zu erwarten war, wehte ein frühlingshafter Wind über die weiten Felder und taute den Frost auf, der sich morgens darüber gelegt hatte. Jan stakste in seinen Holzschuhen über den feuchten Boden und träumte von seinem Segelschiff. Als er sich das Segelschiff vorstellte, das er sicher morgen früh vor dem Ofen finden würde, machte er vor Freude einen Luftsprung und schleuderte dabei seinen rechten Holzschuh in die Höhe. Entsetzt blieb er auf dem linken Bein stehen wie ein Storch und starrte dem Holzschuh nach: der flog in hohem Bogen auf die Windmühle zu und klemmte sich in einem Flügel fest. Jan war verzweifelt.

»Wie krieg' ich da bloß meinen Holzschuh wieder herunter?« jammerte er. »Vielleicht kann ich ihn mit dem andern Schuh treffen!«

Er schlüpfte also aus dem linken Holzschuh heraus, zielte und warf ihn dem rechten Schuh nach. Aber er traf nicht. Der Holzschuh fiel unverrichteter Dinge hinter einem Heckenzaun zur Erde. Ein Aufplatschen und der schrille Schrei einer Frauenstimme verrieten, daß jemand oder etwas getroffen war.

»Ich glaube, das war Tante Amalie!« murmelte

Jan erschrocken und machte sich strumpfsockig auf den Heimweg.

Nur Schwester Mina war da, als Jan ins Zimmer patschte.

»Himmel, Jan, was ist dir passiert?« rief sie. »Schau bloß deine Socken an – ganz naß und schmutzig sind sie!«

Jan brauchte seine Socken gar nicht erst anzuschauen!

Aber ehe er erzählen konnte, was geschehen war, klopfte es an der Haustür. Es war Tante Amalie.

»Ach du lieber Himmel«, jammerte Jan, »da ist sie schon!«

Mina warf einen kurzen Blick auf ihn und befahl: »Unter den Tisch!« Dann zog sie die Tischdecke etwas tiefer, ging hinaus und machte die Haustür auf.

»Guten Abend, liebe Tante!« sagte sie freundlich. Die Tante aber war kein bißchen lieb, sondern bitterböse.

»Wo ist deine Mutter?« fuhr sie Mina an.

»Im Hof. Sie füttert die Hühner«, erwiderte Mina gleichmütig.

»Dann lauf und hol sie!« befahl die Tante. Und Mina hörte im Davongehen, wie sie vor sich hin murmelte: »Das will ich dem Jan gehörig eintränken!«

Als die Mutter mit Mina kam, nahm sich Tante Amalie nicht einmal die Zeit, »Guten Abend« zu wünschen. Sie fing gleich an zu erzählen: »Also eben, wie ich gerade mit dem Melken fertig bin und meinen vollen Eimer – diesen Eimer hier! – die Straße entlangtrage, was geschieht? Was geschieht, frage ich?«

»Nun, sag es schon, Amalie«, meinte die Mutter friedlich.

»Mit deiner Ruhe wird es gleich vorbei sein!« fuhr Tante Amalie fort, »also, ich sehe euern Jan wie verrückt auf einem Holzschuh herumhüpfen und dann – nein, man soll es nicht für möglich halten! – aus dem Holzschuh heraussteigen, er stellt sich mit seinen weißen Strümpfen mitten in den Dreck, schwingt den Holzschuh und wirft ihn – wirft ihn –, wohin denkst du wohl, daß er ihn wirft?!«

»Ich kann es mir wirklich nicht denken, Amalie«, sagte die Mutter sanft.

»Das glaub' ich! Ich hab' es mir auch nicht denken können! Also, er wirft ihn mitten in meinen Milcheimer! In meinen sauberen Milcheimer voll sauberer Milch! Den schmutzigen alten Holzschuh!«

»Also, das sieht Jan kein bißchen ähnlich«, erklärte die Mutter.

Und Mina setzte hinzu: »Mit Absicht hat er das bestimmt nicht getan!«

»Vielleicht nicht mit Absicht«, sagte die Tante etwas besänftigt. »Aber er hat sich nicht einmal entschuldigt, und das wäre doch das mindeste

gewesen, finde ich. Hier jedenfalls ist der Holzschuh. Er gehört doch Jan, oder nicht?« Und sie
stellte einen linken Holzschuh auf den Boden.

»Ja, er gehört mir«, ließ sich da eine klägliche
Stimme unter dem Tisch vernehmen, und der
Stimme folgte ein sehr zerknirschter Jan. »Aber
ich hab' es bestimmt nicht mit Absicht getan,
Tante Amalie, ich hab' dich überhaupt nicht gesehen. Bitte, verzeih! Die Milch will ich dir von
meinem Taschengeld abzahlen.«

Nun schaltete sich die Mutter ein.

»Sobald mein Mann vom Fischen heimkommt,
Amalie, sollst du das Geld für die Milch haben.
Mit Jan rechne ich dann schon ab.«

»Also gut«, meinte Tante Amalie, »ich weiß, daß
ich mich auf euch verlassen kann. Guten Abend
miteinander!«

Und sie ging fort.

Im Flur traf sie auf Kees, den ältesten Sohn, der
das Heu für die Holzschuhe brachte. Er hatte eben
noch das letzte Stück der Unterhaltung gehört.

»Nun, Jan«, meinte er mit einem Blick auf den
verweinten Bruder und den verschmierten ein-
zelnen Holzschuh, »mir scheint, es besteht wenig
Hoffnung, daß der Schimmel des heiligen Nikolaus dein Heu auch nur beknabbert! Was hast du
denn wieder angestellt?«

Und dann erfuhren sie die ganze Geschichte. Sie
konnten nur mit Mühe das Lachen verbeißen.

»Soso, vor lauter Freude hast du etwas in die Luft werfen müssen?« sagte Kees. »Und etwas Gescheiteres als deinen rechten Holzschuh hast du nicht gefunden?« setzte Mina hinzu.

Die Mutter aber strich dem Buben übers Haar und meinte: »Reib jetzt deinen linken Holzschuh innen und außen sauber, und stell ihn neben die Schuhe von Kees und Mina vor den Ofen, Jan! Ich lege inzwischen ein frisches Tischtuch auf, damit es festlich in der Stube aussieht, wenn heute nacht der heilige Nikolaus und der Schwarze Piet kommen!«

Als Kees später die Holzschuhe mit Heu füllte, sah er in Jans einzelnem Schuh einen Zettel. »Was ist denn das?« fragte er.

»Ich hab' für den Nikolaus eine Erklärung geschrieben«, erwiderte Jan, »damit er versteht, warum von mir nur ein Schuh dasteht, und weiß, daß ich es nicht mit Absicht gemacht habe.«

»Nicht schlecht!« meinte Kees. Und dann stellten sich die Kinder hinter ihre Holzschuhe und sangen miteinander das Nikolauslied:

»Nikolaus, du heiliger Mann,
komm mit deinem Schimmel an
und dem Schwarzen Piet.
Alles, was man wünschen kann,
Spielzeug, Kuchen, Marzipan,
bring uns bitte mit!

Haben wir nicht recht getan,
so verzeih uns, heiliger Mann,
Schimmelchen und Piet!«

Und dann gingen sie schlafen.
Lange Zeit blieb alles still, und nichts geschah.
Dann aber, es ging schon auf Mitternacht, hörte
man Pferdehufe klappern und eine Silberglocke
klingen.
Lautlos öffnete sich die Tür, und der heilige Nikolaus kam herein, in rotem, goldbesetztem Gewand, und hinter ihm in einem dunklen Kapu-
zenmantel der Schwarze Piet.
»Also hier wohnen Kees, Mina und Jan?« fragte
der heilige Nikolaus.
»Ja, heiliger Mann«, erwiderte Piet, »so ist es. Und
nun will ich in meinem Buch nachsehen, wie es
um die drei Kinder steht. So, da haben wir es ja:
Also zwei Kinder, die eine Belohnung verdienen,
das sind Kees und Mina, und ein Kind, das nichts
verdient, und das heißt Jan.«
»Nichts verdient? Stimmt das auch, Schwarzer
Piet? Sieh noch einmal nach, ob du dich nicht
verlesen hast!«
»Nein, nein, heiliger Mann, hier steht es ganz
deutlich: Jan, 9 Jahre alt, ein Bub, der alles, was
ihm in die Finger kommt, in seine Holzschuhe
steckt, alles außer seinen Füßen.«
»Was du nicht sagst, Schwarzer Piet! Ja, was kann

man denn außer den Füßen in Holzschuhe stecken?«

»Nun, heiliger Mann, was eben einem kleinen Buben gefällt: Frösche, Fische, Blindschleichen, Blumen, Beeren – was weiß ich? Und sein Verbrauch an Socken ist geradezu ungeheuerlich. Und immerfort ist er erkältet. Und – ja, nun schau bitte, was hier am Ofen steht: ein Paar Holzschuhe von Kees, ein paar Holzschuhe von Mina und ein einzelner Holzschuh von Jan. Nur ein linker Schuh!«

»Ein einzelner Schuh! Wirklich, Piet, das ist recht sonderbar. Tchtchtchtch! Aber da steckt ja ein Zettel! ›Lieber Sankt Nikolaus, es tut mir leid, daß ich heuer nur einen Holzschuh hinstellen kann, mit dem anderen hab' ich leider Pech gehabt. Ich hab' ihn in die Windmühle geworfen, weil ich mich so auf Dich freue. Es war aber ein Versehen, glaub es mir! Und schenk mir bitte trotzdem ein Segelschiff! Dein dankbarer Jan.‹

Siehst du, Schwarzer Piet, es war ein Versehen! Da sollte man doch Gnade vor Recht ergehen lassen, finde ich . . . Was ist denn das?«

Draußen hörte man ein leises Scharren, und Piet erwiderte ein wenig schadenfroh: »Dein Schimmelchen kommt, heiliger Mann, es will sein Heu haben. Nun werden wir ja gleich wissen, ob der Jan wirklich Gnade verdient!«

Und dann führte er den Schimmel zuerst zu Minas Holzschuhen. Der Schimmel zermalmte das Heu mit Hochgenuß. Dann ging er zu den Schuhen von Kees. Dort schnupperte er erst ein wenig und ließ sich Zeit beim Fressen. Aber schließlich war das Heu doch verschwunden. Und nun kam Jans einzelner Holzschuh an die Reihe. Der Schimmel blähte die Nüstern, schnaubte verächtlich, drehte den Kopf ab und trabte auf leisen Hufen hinaus, ohne das Heu auch nur berührt zu haben.

Sankt Nikolaus strich sich nachdenklich den Bart. »Ja, es sieht fast so aus, als ob der kleine Jan nichts bekommen sollte«, meinte er dann. »Aber im Vertrauen, mein guter Piet« – er dämpfte die Stimme und warf einen vorsichtigen Blick auf die Tür –, »ganz unter uns, manchmal finde ich den Schimmel schon recht verwöhnt und wählerisch. Deshalb wollen wir uns nicht übereilen, sondern den Fall Jan in aller Ruhe überlegen.«

Das taten sie denn auch mit gutem Erfolg.

»So wird es gehen«, meinten sie schließlich befriedigt und machten sich noch eine Weile geheimnisvoll in der Stube zu schaffen. Als sie fertig waren, lächelten sie einander zu und verschwanden lautlos wie das Mondlicht.

Am nächsten Morgen waren die Kinder früher wach als gewöhnlich. Sie sprangen aus dem Bett, wuschen sich, fuhren in die Kleider und liefen hinunter ins Wohnzimmer, so schnell es ging.

Mina war zuerst da. »Seht nur, seht!« rief sie aufgeregt, »mein Heu ist weg! Und da liegt ein Lebkuchen mit einem großen ›M‹ aus Schokolade drauf, und – oh! die wunderschöne Puppe!« Dann kam Kees. »Mein Heu hat dem Schimmel auch geschmeckt«, sagte er befriedigt. »Und einen Lebkuchen mit einem ›K‹ aus Schokolade habe ich auch bekommen. Und wahrhaftig – ein Paar Schlittschuhe, ganz nach Wunsch! Fein!«

Jetzt wandten sich die Geschwister ihrem kleinen Bruder zu. »Was hat dir der Nikolaus gebracht?« fragten sie.

Jan stand da und schluckte an den Tränen, die ihm immer wieder in die Augen traten. »Ein Paar Ho-Ho-Holzschuhe!« druckste er schließlich heraus.

»Sonst nichts?«

»Nein, sonst nichts!« Jan schluckte wieder. »D-d-der Schimmel hat mein Heu nicht gemocht.«

Jetzt kam auch die Mutter dazu. »Nimm das Heu einmal heraus«, riet sie, »vielleicht steckt etwas dahinter!«

Gehorsam zupfte Jan an dem Heu. »Ein Brief«, murmelte er dann, »da ist ein Brief für mich.«

»Lies! Lies!« drängten ihn die Geschwister.

Und Jan las: »Falls Jan seiner Mutter feierlich verspricht, die neuen Holzschuhe immer brav an den Füßen zu tragen, dann darf er in der großen Uhr nachsehen, ob nicht darin etwas für ihn verborgen ist.«

»Ei«, sagte die Mutter, »das ist einmal etwas Besonderes! Ein Geschenk in der Standuhr gegen ein Versprechen! Was hältst du davon, Jan?«

»Versprich es! Versprich es!« riefen die Geschwister aufgeregt.

Aber die Mutter meinte: »Mit dem Versprechen allein ist es wohl nicht getan! Ein Versprechen muß man auch halten. Jan, mach dir das ernsthaft klar!«

Da stellte sich Jan in die Mitte der Stube und erklärte mit lauter Stimme: »Ich verspreche ausdrücklich, daß ich die neuen Holzschuhe, die mir der heilige Nikolaus gebracht hat, immer fest an beiden Füßen tragen will!«

»So ist es recht«, sagte die Mutter. »Und jetzt schau in der Uhr nach!«

Das ließ sich der Jan nicht zweimal sagen! Und was denkt ihr, was er fand? Jawohl, ihr habt richtig geraten: ein Schiff, ein wunderschönes Segelschiff, mit allem Takelwerk, das dazugehört! Und am Bug stand deutlich der Name zu lesen: »Der Schwarze Piet«!

So nimmt diese Nikolausgeschichte ein gutes Ende, und es bleibt nur noch zu sagen, daß der kleine Jan sein Versprechen wirklich gehalten hat!

Margret Rettich

Die Kirchengeschichte

Zu Weihnachten ist unsere Kirche hier im Dorf immer knüppeldickevoll. Da gehen auch die hinein, die sich sonst das ganze Jahr hindurch nicht sehen lassen. Manche schicken bereits eine Stunde vorher ihre Kinder, die müssen gute Plätze freihalten. Früher saßen die Männer auf der Empore und die Frauen unten im Kirchenschiff. Jetzt darf man sich hinsetzen, wo man will. Man muß nur aufpassen, daß man nicht hinter die Säulen zu sitzen kommt, denn dort sieht man nicht gut.

Alles ist feierlich und eindrucksvoll. Neben dem Altar steht ein hoher Tannenbaum mit vielen elektrischen Kerzen. Oben an der Balustrade stellt sich der Posaunenchor auf und bläst zur Einleitung. Es klingt etwas falsch, sie sagen, das kommt von der Kälte, aber im Sommer ist es nicht anders.

Dann singt der Männergesangverein, und die Orgel spielt fast die ganze Zeit.

Unser neuer Pastor will alles noch eindrucksvoller und feierlicher haben. Darum sagt er nach der Predigt: »Und nun hört alle gut zu, liebe Gemeinde, Männer, Frauen und Kinder, wir singen jetzt gemeinsam das Lied ›Vom Himmel hoch‹. Eine Strophe davon wird uns die Orgel spielen, die nächste singen wir, na, und so weiter. Habt ihr mich verstanden?«

Ja, wir meinen schon. Die Orgel ist bereits bei der ersten verschlungenen Einleitung, aus der heraus wir die Melodie erkennen. Wir wissen nicht genau, ob das schon als erste Strophe gilt oder ob es noch das Vorspiel ist. Und überhaupt, sollen wir den Text der ersten oder den der zweiten Strophe singen? Warten wir erst mal ab, was der Pastor macht. Die Orgel schweigt, und wir schweigen auch. Der Pastor singt allein. Er hat eine schöne, laute Stimme. Als er merkt, daß wir zögern, hebt er mit den Händen einen unsichtbaren Täufling – so sieht das jedenfalls aus. Wir singen immer ein wenig hinter ihm her, so brauchen wir nicht ins Gesangbuch zu schauen, sondern nur auf seinen Text zu hören. Aha, er singt mit uns die erste Strophe. Danach setzt wieder die Orgel ein. Leider singen ein paar, die vorher nicht aufgepaßt haben, jetzt weiter und hören erst auf, nachdem der Pastor mit den Händen gewedelt hat.

Doch die Überraschung, die alles noch eindrucksvoller und feierlicher macht, soll erst kommen. Kurz vor dem Gottesdienst hat der neue Pastor zu Fritz Wille gesagt: »Du gehst in die Sakristei an den Schalterkasten. Wenn du hörst, daß wir die erste Strophe ›Vom Himmel hoch‹ singen, machst du das Licht über dem Eingang aus, bei der zweiten Strophe das Licht im rechten Seitenschiff, bei der dritten das im linken. Dann kommen die beiden Seiten der Empore an die Reihe und schließlich nacheinander die drei großen Leuchter im Mittelschiff. Die letzte Strophe singen wir nur im Schein der Kerzen am Christbaum. Ist das klar?«

Der Pastor hat sich alles gut ausgedacht, und wenn es geklappt hätte, wären wir sicher sehr beeindruckt gewesen. Leider war Fritz Wille vorher noch nie in der Sakristei. Nachdem der Pastor weg ist, sieht er sich erst einmal um. Den Schalterkasten findet er schnell, aber da sind so viele Hebel und Knöpfe, daß er nicht weiß, welcher davon für welches Licht ist. Er kann auch nicht von der Sakristei aus in die Kirche sehen oder vorher alles ausprobieren, nur hören kann er. Er hört den Posaunenchor, den Männergesangverein, die Predigt und die Orgel. Dann hört er, wie wir zu singen anfangen. Er überlegt, daß der Knopf für das Licht über dem Eingang irgendwo in der Mitte sitzen müßte, und drückt auf den unteren mittleren Schalter. Das war die Lampe in der Sakristei, und Fritz sitzt erst einmal im Dunkeln. Nachdem er sich etwas beruhigt hat und es ihm geglückt ist, das Licht wieder einzuschalten, hört er, daß wir schon bei der zweiten Strophe angelangt sind. Schnell drückt er einen etwas höher gelegenen Schalter – da geht das Licht auf der rechten Seite der Empore aus.

August Lütge brüllt laut: »Liiicht an«, dann schlägt er sich erschrocken auf den Mund; er hat vergessen, daß er in der Kirche und nicht auf der Kegelbahn ist. Doch Fritz Wille hat den Ruf gehört, und das Licht der Empore geht wieder an. Unsere Strophe ist fertiggesungen, nun setzt die Orgel ein. Wir haben uns noch nichts dabei gedacht, als das Licht auf der Empore einmal kurz aus- und schnell wieder anging.

Als jetzt aber plötzlich die drei großen Leuchter im Mittelschiff ausgehen, starren wir alle nach oben, der Pastor auch. Mit erhobenem Gesicht singen wir die dritte Strophe. Wir sind noch dabei, als die Leuchter wieder angehen, dafür sind die Lampen in beiden Seitenschiffen aus.

Im linken Seitenschiff sitzt ganz am Ende einer Reihe unser Elektrikermeister, Johann Bosse. Mit Besorgnis hat er die wechselnde Beleuchtung beobachtet, denn niemand weiß so gut wie er, daß in der nächsten Zeit einige Reparaturen unumgänglich sind. Bei dem feierlichen Orgelspiel, das nach unserem Gesang wieder an der Reihe ist, steht er auf und drängt sich durch die Reihe. Dadurch entsteht einige Unruhe, jedoch nicht mehr als auf der Empore, die jetzt im Dunkeln liegt. Allerdings sind die Seitenschiffe wieder erleuchtet.

Wir singen und sehen Johann Bosse nach, wie er durch den Mittelgang eilt. Er wird den Fehler schon finden, denken wir. Eine Sekunde lang ist das Licht ganz weg, und nur vorn der Christbaum erstrahlt, danach leuchten alle Lampen wieder auf, die irgend leuchten können.

Der Pastor ist die Treppe von der Kanzel heruntergeklettert und läuft hinter dem Elektrikermeister her. Sie verschwinden hinter der Tür zur Sakristei.

Der Pastor fehlt uns sehr. Wenn er nicht vorneweg singt, müssen wir die Gesangbücher aufschlagen. Wir geraten mit dem Text durcheinander, einige singen die vierte, andere schon die fünfte und sechste Strophe. Doch wir schaffen auch das, und die Orgel kann uns wieder ablösen. Kurz hintereinander flackern jetzt die Kerzen am Christbaum dreimal aus und an, danach verlöschen sie. Gleich darauf liegt die ganze Kirche im Dunkeln. Die Orgel verklingt mit einem immer tiefer werdenden Pfeifton, wir sind stolz, daß sie seit dem letzten Sommer elektrische Blasebälge hat.

In der Sakristei hat Fritz Wille, unterstützt vom Elektrikermeister und vom Pastor, einen Kurzschluß gemacht.

Zum Glück kennt Johann Bosse die Schalttafel auch im Dunkeln ganz genau. Es ist nicht das erste Mal, daß er hier steht. Er findet die Sicherungen, und das Licht geht überall wieder an. Die Orgel pfeift wie eine Lokomotive, ehe sie mit einem neuen Zwischenspiel einsetzt. Der Pfarrer steht wieder auf der Kanzel, und wir holen Luft, um die letzte Strophe zu singen.

Da erdröhnen die Glocken.

Fritz Wille hat sich in der Sakristei abgestützt und den Hebel für das Geläut erwischt. Es ist für uns das Zeichen, daß der Gottesdienst vorüber ist, und wir drängen aufgeregt zum Ausgang. Wir sehen nicht mehr, daß der Elektrikermeister nun in der richtigen Reihenfolge die Lampen verlöschen läßt, bis allein der Christbaum strahlt. Wir gehen nach Hause, als kämen wir aus einem Kino.

Kirsten Boie

Der Tannenbaum

Bei Jenny schmückt den Tannenbaum immer der Weihnachtsmann.

»Bei Niko macht das seine Mama«, sagt Jenny am Tag vor Heiligabend. »Und Niko darf helfen. Das ist toll.«

Jenny würde den Tannenbaum auch lieber selber schmücken.

»Bei uns macht das der Weihnachtsmann«, sagt Papa. »Und damit basta.«

Der Weihnachtsmann ist ein schrecklicher Geheimniskrämer. Immer schmückt er den Baum schon in der Nacht vor Heiligabend, und dann ist am nächsten Morgen die Wohnzimmertür zugeschlossen, und vor der Bescherung darf keiner ins Zimmer. Der Weihnachtsmann möchte nämlich nicht, daß man den Baum schon vorher sieht, sagt Mama.

»Aber bei Niko macht es ihm doch auch nichts aus!« sagt Jenny. »Niko darf den Baum schon den ganzen Tag sehen!«

»Niko ist Niko, und du bist du«, sagt Papa. Und als Jenny noch etwas sagen will, sagt Papa noch einmal schnell: »Und damit basta!«

Am Heiligabend morgens ist das Wohnzimmer natürlich wieder abgeschlossen.

»So ein Mist«, sagt Jenny und versucht, durchs Schlüsselloch zu gucken.

Aber der Weihnachtsmann war wieder richtig gemein und hat Mamas dunkelrotes Seidentuch von innen über die Klinke gehängt. Man kann überhaupt nichts sehen.

»Weißt du was?« sagt Jenny, als sie mittags alle Kartoffelsalat essen. »Der Weihnachtsmann würde sich aber doch bestimmt freuen, wenn wir den Baum für ihn schmücken. Wo der so viele schaffen muß. Und auch noch überall woanders. Und alle gleichzeitig. Da würde der sich doch freuen . . .«

»Fängst du schon wieder an?« fragt Papa und guckt richtig grimmig.

Nach dem Kartoffelsalat machen sie alle einen schönen Weihnachtsspaziergang im Regen. Dann fangen die Kirchenglocken an zu läuten, und es wird langsam dämmerig, und da gehen sie wieder nach Hause.

»Ich glaube, jetzt hat der Weihnachtsmann die

Bescherung vorbereitet«, sagt Papa und sieht ganz aufgeregt aus. »Ich guck mal nach.« Und er verschwindet im Wohnzimmer.

»Haben wir ihn wieder verpaßt!« sagt Mama. »Es ist aber auch jedes Jahr das gleiche!«

»Warum gehen wir denn dann immer spazieren?« fragt Jenny.

Im nächsten Jahr geht sie jedenfalls nicht mit. Wenn doch der Weihnachtsmann die Geschenke immer gerade dann bringt, wenn sie draußen sind.

Da öffnet sich die Wohnzimmertür. Der Tannenbaum strahlt vom Boden bis zur Decke fast so schön wie im Kaufhaus.

»Oh«, sagt Jenny.

Und dann passiert etwas Wunderbares. Ganz, ganz langsam neigt sich der Baum nach vorne.

»Nein!« schreit Papa.

Aber der Baum hört nicht auf ihn. Ganz, ganz langsam kippt er auf den Boden.

Die Glaskugeln klirren leise, und die elektrischen Kerzen gehen aus.

»Ei!« schreit Lisa und klatscht.

Als sie den Baum wieder hingestellt und am Schrank und am Fensterriegel festgebunden und die Scherben weggeräumt und die Kerzen angeschlossen haben, fällt Jenny etwas ein.

»Wir hätten ihn doch lieber selber schmücken sollen«, sagt sie und fängt an, das erste Geschenk auszupacken. »Der Weihnachtsmann ist einfach schon zu alt für die viele Arbeit.«

Papa nickt traurig. »Nächstes Jahr«, sagt er.

Ingrid Uebe

Das Lied der Krähen

Hoch oben im Norden lebte einmal ein kleiner Pinguin. Der sagte jedesmal, wenn der Winter begann: »Diesmal will ich den Weihnachtsmann sehen. Das ist mein größter Wunsch.«

Natürlich hatte der kleine Pinguin auch noch andere Wünsche. Natürlich freute er sich, wenn sie in Erfüllung gingen. Der Weihnachtsmann war noch nie geizig gewesen. Einmal hatte er ihm eine große Schüssel voll silberner Heringe gebracht, einmal einen bunten Ball und einmal sogar ein Ruderboot. Aber sich selbst hatte er eben noch nie sehen lassen. Er war immer bei Nacht gekommen, hatte immer gewartet, bis der kleine Pinguin schlief, und war am Morgen längst über alle Berge gewesen.

Der kleine Pinguin ging umher und fragte die

alten Leute: »Habt ihr den Weihnachtsmann schon einmal gesehen?«

»Schon oft«, sagten die alten Leute. »Wir brauchen ja nicht mehr viel Schlaf.«

»Wie sieht der Weihnachtsmann aus?« fragte der kleine Pinguin.

»Wunderschön«, sagten die alten Leute, »freundlich und gut.«

»Kommt er zu Fuß?« fragte der kleine Pinguin.

»Nein, mit dem Schlitten«, sagten die alten Leute, »mit sechs Rentieren davor.«

»Hört man ihn denn?« fragte der kleine Pinguin. »Woran merkt man überhaupt, wenn er kommt?«

»Zuerst hört man ein Läuten«, sagten die alten Leute. »Das sind die Glocken der Rentiere. Dann hört man ein Lied. Das sind die Krähen, die den Weihnachtsmann auf seiner Reise begleiten.«

»Aber Krähen können nicht singen«, sagte der kleine Pinguin. »Sie haben abscheuliche Stimmen.«

»In dieser Nacht können sie singen«, sagten die alten Leute. »Ihre Stimmen sind klar und süß.«

Der kleine Pinguin ging nach Hause. Er dachte: Dieses Jahr werde ich den Weihnachtsmann sehen! Ich darf nur nicht einschlafen. Ich muß nur die Ohren spitzen.

Als es Zeit wurde, schrieb er seinen Wunsch wie jedes Jahr in den Schnee. Diesmal wünschte er sich einen roten Schal. Nachts deckte neuer

Schnee die Buchstaben zu. Da wußte er, daß sein Wunsch in Erfüllung gehen würde.

Am Weihnachtsabend blieb der kleine Pinguin wach. Er wartete, bis seine Eltern zu Bett gegangen waren. Dann stand er leise auf und schlich aus dem Haus. Draußen würde er das Läuten der Rentierglocken und das Lied der Krähen besser hören können als drinnen.

Es war eine frostklare Nacht. Der Mond sah aus wie gefrorene Milch, und die Sterne standen wie Eiskristalle um ihn herum.

Der kleine Pinguin wanderte hinaus zu den Felsen und kletterte hinauf. Er reckte den Hals, spitzte die Ohren und hielt die Augen weit offen. Aber er vernahm nichts als die Stille der Nacht. Er erblickte nichts als das Leuchten des Schnees.

Mit der Zeit wurde ihm kalt. Zwar war er an Kälte gewöhnt, doch eine wie diese hatte er noch niemals erlebt. Sie kroch aus den Felsen in seinen Körper, machte seine Glieder schwer und seine Augen müde. Er wußte, daß er nicht einschlafen durfte. Sonst würde er erfrieren und nie wieder aufwachen. Ich will den Weihnachtsmann sehen, dachte er. Ich will nicht aufgeben! So kämpfte er lange Zeit gegen Kälte und Müdigkeit an.

Endlich fühlte er seine Kräfte erlahmen. Er senkte den Kopf und ergab sich dem Schlaf. Doch just in dem Augenblick, als ihm die Lider zufielen, erblickte er in der Ferne ein seltsames Licht. Ein schmaler Streif, bunt wie ein Regenbogen, färbte den Saum der Welt. Da wußte der kleine Pinguin: Der Weihnachtsmann hatte die Erde betreten. Schon vernahm er das Läuten der Rentierglocken und das Lied der Krähen. Etwas Schöneres hatte er niemals gehört. Sein Herz hüpfte vor Freude. Dann fielen ihm die Augen zu.

Am nächsten Morgen erwachte der kleine Pinguin frisch und gesund in seinem eigenen Bett. Er konnte gar nicht verstehen, wie er dahin gekommen war. Er richtete sich auf und blickte sich staunend um. Neben seinem Bett lag der rote Schal, den er sich zu Weihnachten gewünscht hatte. Seine Eltern kamen herein und freuten sich, daß es ihm gutging. Seine Mutter sagte: »Wie konntest du nur hinauslaufen in die eisige Nacht? Hätte dich der Weihnachtsmann nicht gefunden und bei uns abgeliefert, so wärst du gewiß erfroren.«

Da sprang der kleine Pinguin aus dem Bett und griff nach dem roten Schal.

Der Schal war wollig und weich und stand ihm sehr gut.

Ich habe den Weihnachtsmann zwar nicht gesehen, dachte der kleine Pinguin. Aber er hat mich mit seinem Schlitten nach Hause gebracht.

Ursula Wölfel

Die Weihnachtslüge

Rebekkas Rock ist bunt geblümt und reicht ihr
bis zu den Waden. Gerade hat Großmutter wieder
einen Streifen Stoff an den Rock genäht, damit er
lang genug ist. Den Stoff hat Großmutter von
ihrem eigenen Rock unten abgeschnitten. Denn
Großmutter wird immer kleiner, so alt ist sie
schon, und Rebekka wächst so schnell, seit sie
acht Jahre alt geworden ist.

Einmal hat Rebekka gefragt: »Warum muß mein
Rock denn so lang sein? Die Mädchen in der
Schule haben ganz kurze Röcke, und die anderen
Kinder auf der Straße sehen mir immer nach, und
sie flüstern und zeigen mit dem Finger auf mich,
sie lachen sogar.«

»Nur andere Kinder tragen kurze Röcke«, hat

Großmutter gesagt. »Du bist doch ein Zigeuner-
mädchen!«

Und Rebekka hat nie mehr davon geredet.

Großmutter Antonia und Rebekka wohnen in einem alten Eisenbahnwagen. Er hat keine Räder
mehr, er steht auf einem Steinsockel zwischen
dem Bahndamm und der Drahtfabrik. Aber nur
ein einziges Abteil im Wagen gehört Großmutter
Antonia und Rebekka. In den anderen Abteilen
wohnt Großtante Roswitha mit ihrer großen Familie, mit ihren Töchtern Maria, Therese und
Annabella, mit ihren Schwiegersöhnen Carlos,
Pjotr und Joans, mit elf Enkelkindern und zwei
Urenkel-Babys.

In Großmutters und Rebekkas winzigem Zimmer
ist nur Platz für ein Bett, einen kleinen Herd, ein
Tischchen, ein Topfgestell und einen Sessel.
Großmutter findet, daß sie genug Platz haben.
Hatten sie denn mehr, als sie früher im Wohnwa-
gen unterwegs waren? Und damals lebten Rebekkas Eltern noch, und der große Bruder Tonio
war auch noch bei ihnen. Einmal hat Rebekka
gefragt: »Warum wohnen wir nicht in einem
Haus in einer richtigen Wohnung?«

»Die anderen Leute wollen keine Zigeuner in ihren Häusern haben«, hat Großmutter gesagt. Und
Rebekka hat nie mehr davon geredet.

Aber jetzt wird bald Weihnachten sein, und Rebekka wünscht sich einen Hund.

»Unmöglich!« sagt Großmutter. »Wir haben keinen Platz für einen Hund.«

»Ich baue ihm eine Hütte aus einer alten Kiste!« ruft Rebekka.

»Hunde brauchen Futter«, sagt Großmutter. »Hunde bekommen keine Rente.«

»Ich suche ihm Knochen und Abfälle aus den Mülltonnen!« ruft Rebekka.

»Der Polizist wird kommen!« sagt Großmutter. »Und dann müssen wir Hundesteuer bezahlen.«

»Hundesteuer? Was ist das?« fragt Rebekka.

»Geld«, sagt Großmutter. »Geld! Und Roswitha mag Hunde nicht leiden.«

»Ich helfe dir beim Verkaufen!« ruft Rebekka. »Nachmittags, wenn du müde bist und wenn ich keine Schule mehr habe, gehe ich zu den Leuten an die Türen! Dann haben wir genug Geld für die Hundesteuer!«

»Und Roswitha?« fragt Großmutter.

Da weiß Rebekka nichts mehr zu sagen. Denn Großtante Roswitha ist Großmutters älteste Kusine, sie ist die älteste Frau in der Familie, und alle müssen tun, was sie will. Das ist eben so bei ihnen. Aber Rebekka wünscht sich doch so sehr einen Hund! Und wenn ihr das Christkind einen schenkt? Gegen das Christkind kann Großtante Roswitha nichts sagen. Bekommen nicht die anderen Kinder die herrlichsten Sachen zu Weihnachten? Sie erzählen doch immer in der Schule davon. Puppenhäuser und Eisenbahnen bekommen sie, Bücher, Spiele, Schlitten, Rollschuhe, Fahrräder! Natürlich, das Christkind ist arm, und die Leute müssen die schönen Sachen in den Läden kaufen, damit die Kinder sie zu Weihnachten bekommen können. Deshalb bekommt ja Rebekka auch immer nur ein großes Lebkuchenherz und irgendwas zum Anziehen zu Weihnachten. Großmutter hat kein Geld für Spielsachen.

Aber ein Hund braucht doch gar kein Geld zu kosten! Rebekka weiß das genau. Im Sommer war doch der große Bruder Tonio hier. Mit seinem schneeweißen Wohnanhänger und dem blitzenden Auto ist er gekommen, mit seiner jungen Frau und dem kleinen Jungen. Und Joko war dabei, der Hund, der dem großen Bruder Tonio eines Tages einfach nachgelaufen ist. Warum soll nicht auch ein Hund hinter Rebekka herlaufen und immer bei ihr bleiben wollen? Das Christkind soll bitte solch einen Hund schicken!

Also redet Rebekka mit Großmutter nicht mehr über den Hund. Aber sie sammelt jetzt schon Knochen aus den Mülltonnen. Die tut sie alle in einen Pappkasten, und der steht gut versteckt unter einem Steinhaufen am Bahndamm. Rebekka findet sogar eine zerrissene Hundeleine. Die flickt sie mit Draht, reibt das Leder mit Margarine blank und versteckt die Leine dann unter der Matratze.

Aber keiner von den Hunden auf der Straße will ihr nachlaufen. Ob sie bis Weihnachten warten muß? Vielleicht sitzt der Hund dann einfach vor der Wagentür! Wer kann das wissen? »Joko« will Rebekka ihn nennen, wie Bruder Tonios Hund.

Am 23. Dezember wird Rebekka sehr früh wach. Eigentlich könnte sie noch ein bißchen schlafen, sie hat doch schon Weihnachtsferien. Aber irgend etwas lärmt da hinter dem Wagen, es kratzt und scharrt. Rebekka richtet sich auf und sieht durch den Gardinenspalt. Draußen ist es noch dunkel, aber die Lampen von der Drahtfabrik leuchten herüber. Und Rebekka sieht, wie da ein Hund, ein grauer, struppiger Hund, mit Zähnen und Pfoten den Knochenkasten unter den Steinen hervorzerren will. Schnell macht sie die Augen zu. Darf sie denn ihren Hund heute schon sehen? Morgen ist doch erst Weihnachten! Aber sie muß doch wieder hinausblinzeln, nur ein bißchen. Der arme Hund hat bestimmt Hunger. Wie mager er ist! Und allein kommt er nicht an die Knochen im Kasten. Rebekka muß ihm helfen.

Im Hemd, barfuß läuft sie hinaus. Großmutter schläft doch noch?

Der Hund knurrt, er springt zurück, er sträubt das Nackenfell und zieht die Lippen von den Zähnen. »Joko!« flüstert Rebekka. »Jokoli! Sei still, ich bin's doch!«

Sie hat ein bißchen Angst, aber sie räumt schnell die Steine weg und sucht nach dem schönsten, größten Knochen im Pappkasten. Der Hund bellt jetzt wütend. Rebekka hält ihm den Knochen hin, und langsam, Schritt für Schritt, kommt er näher. Dann, ganz plötzlich schnappt er zu, packt den Knochen, reißt ihn aus Rebekkas Hand und rennt damit weg.

»Joko! Hierher, Joko!« ruft sie. Aber er kommt nicht. Großmutter klopft ans Fenster und ruft Rebekka herein.

»Joko?« fragt sie. »Was für ein Joko? Warum hast du ›Joko‹ gerufen?«

»Joko ist mein Hund!« ruft Rebekka und umarmt sie. »Das Christkind hat ihn mir geschenkt, weil ich mir so sehr einen Hund gewünscht habe! Ich darf ihn doch behalten, Großmutter?«

»So«, sagt Großmutter nur. »Vom Christkind soll er sein? So, so. Geh, wasch dich, und zieh dich an. Im Hemd nach draußen laufen!« Sie stopft Papier unter das Holz im Herd, legt ein halbes Brikett obenauf und füllt den Kessel aus dem Wassereimer.

»Er ist weggelaufen. Aber er kommt wieder! Er kommt doch bestimmt wieder, meinst du nicht auch?« fragt Rebekka.

»Natürlich kommt er wieder«, murmelt Großmutter. »Er riecht sie doch, deine Stinkknochen da draußen. Hab sie schon gesehen.«

Sie sitzt jetzt auf dem Bett und bindet das Kopftuch über ihren kurzen, dünnen Zopf. »Und wer bezahlt die Hundesteuer?« fragt sie.

Rebekka ist still. Morgens hat Großmutter doch oft schlechte Laune. Wenn sie erst Kaffee getrunken und eine Zigarette geraucht hat, kann man besser mit ihr reden.

Aber heute ist das anders. Gleich nach dem Frühstück nimmt Großmutter die Verkaufstasche. Sie sagt: »Ich fahre aufs Land. Koch Kartoffeln.« Dann geht sie.

Rebekka räumt auf. Sie putzt den Fußboden, sie scheuert die Herdplatte, sie wäscht sogar den bunten, gekrausten Vorhang vom Topfgestell und hängt ihn draußen hinter dem Wagen auf die Leine. Wie sie sich umdreht, steht der Hund, der graue Hund auf dem Steinhaufen! Er macht leise »Wuff!« und sieht Rebekka an.

»Joko!« ruft sie. Da springt er zur Seite und guckt wieder mißtrauisch und böse. »Komm, komm!« flüstert Rebekka und streckt die Hand aus.

Er macht den Hals lang, schnüffelt an ihren Fingern, schnüffelt am Rock und wedelt ein ganz klein bißchen mit dem Schwanz. Mit der anderen Hand tastet Rebekka nach dem Knochenkasten, greift hinein und hält dem Hund einen schönen großen Schinkenknochen vor die Nase. Nicht zu nah, er soll ihr nicht noch einmal weglaufen.

Langsam geht sie rückwärts zum Wagen, und Joko folgt ihr!

»Da!« ruft Rebekka, wirft den Knochen auf den frisch geputzten Fußboden und schlägt dann schnell die Tür zu. Schon ist Joko mit dem Knochen unter den Herd gekrochen. Rebekka sieht zu, wie er gierig frißt. Sie holt das Brot aus dem Topfgestell und schneidet ihm ein Stück nach dem anderen ab. Joko frißt und frißt, und dann läßt er sich endlich auch streicheln. Aber bald schläft er ein. Rebekka hockt vor ihm und sieht ihn an und ist glücklich.

Plötzlich steht Großmutter an der Tür. Sofort ist Joko wach. Er bellt wütend.

»Bist du still! Das ist doch Großmutter!« ruft Rebekka.

Großmutter stellt die Tasche ab und fragt: »Hast du ihn hereingeholt?«

»Er ist mir nachgelaufen«, antwortet Rebekka.

»Wer lügt, bekommt eine steife Zunge«, sagt Großmutter, nimmt den Besen vom Haken und kehrt damit den Hund einfach zur Tür hinaus. Mit eingekniffenem Schwanz rennt er weg.

»Joko, Jokoli!« ruft Rebekka und läuft hinterher. Aber er ist nicht mehr zu sehen.

Bis zum Abend, bis es dunkel wird, sitzt Rebekka auf dem Steinhaufen und wartet. Dann klopft Großmutter ans Fenster und winkt sie herein. Sie sprechen mit keinem Wort von Joko, sie reden überhaupt nicht mehr viel.

Am nächsten Morgen sitzt Joko vor der Tür und bellt. Rebekka springt aus dem Bett, aber Großmutter hält sie am Hemd fest. »Bleib hier«, sagt sie und macht strenge große Augen.

Joko heult, und jetzt hat Großtante Roswitha ihn auch gehört! Sie schimpft aus dem Fenster, Rebekka hört es.

Und Großmutter knöpft in aller Ruhe ihren Rock zu, bindet das Kopftuch und nimmt wieder den Besen. Aber kaum hat sie die Tür aufgemacht, da schlüpft Joko an ihr vorbei und verkriecht sich gleich unter dem Herd.

Draußen steht Großtante Roswitha. »Was ist das für ein Köter?« fragt sie und zeigt mit dem Stock auf Joko. »Wir wollen keine Hunde im Wagen haben! Hast du das vergessen, Antonia?«

Und Großmutter antwortet: »Das ist Rebekkas Hund! Du brauchst dich gar nicht darum zu kümmern!«

Sie wirft die Tür zu, und Rebekka lacht und tanzt vor Freude zwischen Herd und Tisch.

»Laß das!« sagt Großmutter. »Zieh dich an!« Sie bückt sich zum Herd und stochert in der Glut und streichelt zwischendurch ganz schnell einmal Jokos struppigen Kopf. Rebekka sieht es.

»Darf ich ihn behalten?« fragt sie. »Großmutter, darf ich ihn wirklich behalten? Ach, ich freu mich so!«

Großmutter antwortet ihr nicht. Sie stellt Brot und

Marmelade auf den Tisch und setzt sich dann auf die Bettkante, sieht aus dem Fenster und raucht. Rebekka zieht sich schnell an, und zwischendurch fragt sie immer wieder: »Darf ich, Großmutter? Sag doch etwas? Darf ich Joko behalten? Heute ist doch Weihnachten!«

Aber Großmutter schweigt und raucht.

Dann sitzen sie am Tisch, Rebekka auf dem Bett und Großmutter im Sessel. Wieder fragt Rebekka: »Großmutter?«

Und Großmutter rührt nur in ihrer Kaffeetasse und schweigt und raucht. Sie ißt nichts. Sie schneidet aber eine dicke Scheibe vom Brot und wirft sie Joko zu. Rebekka lacht – aber da sieht sie, daß Großmutter weint. Kleine Tränen laufen über ihr faltiges Gesicht, ihre Lippen zucken wie bei einem kleinen Kind.

»Großmutter!« ruft Rebekka erschrocken. Sie springt auf, zwängt sich so hastig am Tisch vorbei, daß der Kaffee überschwappt, und umarmt die alte Frau. Großmutter schiebt sie weg und steht auf.

»Nein!« sagt sie laut. Sie packt Joko am Nackenfell und setzt ihn vor die Tür. Dann nimmt sie den Eimer und gießt einen Schwall Wasser hinter ihm her. Joko jault erschrocken auf und rennt mit großen Sprüngen weg.

»Jetzt kommt er nicht mehr wieder!« sagt Großmutter. Und immer noch laufen Tränen über ihr Gesicht.

Rebekka steht hinter ihr. Beide Fäuste steckt sie in den Mund, sie beißt auf ihre Finger, weil sie sonst schreien müßte vor Zorn und Traurigkeit.

Danach geht Großmutter weg, wie alle Tage. »Ich komme mittags wieder«, sagt sie und streichelt Rebekkas Rücken. Aber Rebekka schüttelt Großmutters Hand ab. Großmutter geht weg. Und nun weint Rebekka, sie steht am Fenster und weint und weint. Dann trocknet sie sich das Gesicht mit dem Federbettzipfel ab, holt die Hundeleine unter der Matratze hervor und läuft hinaus. Sie sucht Joko im Gebüsch am Bahndamm, sie sucht ihn auf dem Schuttabladeplatz hinter der Drahtfabrik, sie läuft durch die Straßen, weit in die Stadt hinein. Sie sucht Joko in den Toreinfahrten, den Höfen, den dunklen Bahnunterführungen. Sie rennt im Stadtpark hinter einem grauen Hund her und ruft: »Joko! Jokoli!« Aber es ist ein fremder Hund, einer mit einem feinen roten Halsband. Rebekka drängelt sich durch die Menschenmenge auf dem Weihnachtsmarkt, hinter alle Buden, und unter alle Marktwagen sieht sie, und sie kümmert sich gar nicht um all die schönen Sachen, die da ausgestellt sind. Sie läuft durch die Geschäftsstraßen und merkt gar nicht, daß so viele Leute sich nach ihr umdrehen, wie sie da mit dem langen Rock und wirren Haaren vorüberrennt. Sie sucht Joko.

Sie findet ihn nicht.

Es wird immer stiller in den Straßen, die Läden schließen, der Weihnachtsmarkt wird abgebaut, die Christbaumverkäufer fahren mit leeren Lastwagen nach Hause. Rebekka sucht Joko und findet ihn nicht.

Es wird dämmerig, und hinter vielen Fenstern leuchten schon die Kerzen an den Weihnachtsbäumen. Rebekka findet Joko nicht. Sie ist müde und hungrig, und endlich geht sie zum Eisenbahnwagen am Bahndamm zurück. Immer noch hält sie die Hundeleine in der Hand.

Jetzt ist es fast ganz dunkel. Großmutter steht an der offenen Wagentür.

»Mein Vögelchen, schwarzes Vögelchen!« sagt sie nur und gibt Rebekka einen Kuß.

Im Wagen duftet es nach Fleisch und Gemüse und Herdrauch. Auf dem Tisch brennt eine Kerze, daneben liegen Tannenzweige und ein großes Lebkuchenherz und neue rote Strumpfhosen. Dann steht da noch ein seltsames braunes Ding: Ein Dackelhund aus Blech, nicht größer als Rebekkas Hand.

»Ach!« sagt Rebekka.

Und dann redet Großmutter, hastig und laut redet sie: »Weil du doch so gern einen Hund haben wolltest und weil wir doch so arm sind und Roswitha – du weißt ja. Ich bin in der Stadt im richtigen Spielwarengeschäft gewesen. Ach, ich wollte dich doch nicht traurig machen, und ich meine, warum sollst du nicht auch einmal etwas zum Spielen bekommen, bist doch noch ein Kindchen, ein kleines, und immer so brav! Man kann ihn aufziehen, den Hund, er läuft über den Tisch; zum Lachen ist das, du wirst dich freuen, bestimmt wirst du dich freuen, gib acht!«

Sie nimmt einen Blechschlüssel aus der Rocktasche und zieht den Hund auf. Er schnurrt und wackelt bis zur Tischkante, wendet um und wackelt zurück, und immer so weiter, hin und her, bis die Feder abgelaufen ist. Die ganze Zeit steht Rebekka da an der Tür, sie rührt sich nicht, sie sieht den Blechhund an, und hinter dem Rücken preßt sie die Finger immer fester um Jokos Leine.

»Freust du dich gar nicht?« fragt Großmutter. »Soll ich ihn noch einmal aufziehen, oder willst du es selbst tun?« Ihre Stimme zittert. Vielleicht weint sie wieder? Rebekka kann Großmutter jetzt nicht ansehen. Aber sie holt tief Luft, und dann ruft sie:

»Wie schön, Großmutter, wie schön ist der Hund! Und so lustig! Ich freue mich sehr! Vielen, vielen Dank! Und die roten Strumpfhosen sind auch so schön! Und nachher teilen wir uns das Lebkuchenherz, ja? Aber der Hund ist doch das schönste!«

Auch Rebekkas Stimme zittert. Denn sie lügt.

Großmutter fragt schnell: »Wollen wir essen? Bestimmt hast du Hunger, mein Hühnchen, mein schwarzes, meine kleine Amsel! Gebratenes Fleisch habe ich für dich!«

Und während Großmutter den Tisch deckt, stopft Rebekka die Hundeleine tief unten in den Kohlenkasten.

Später, vor dem Einschlafen, im Dunkeln, sagt Großmutter zu Rebekka: »Du wirst keine steife Zunge bekommen. Du bist ein gutes Kind. Gottes junger Sohn weiß es.«

Renée Nebehay

Advent

Mit jedem Tag werden die Gartenstunden kürzer. Es scheint erst gestern gewesen zu sein, daß wir um sechs Uhr die Geräte in die Scheune zurückstellten: heute ist es kaum fünf Uhr, und schon scharren wir am Gitter vor der Küchentür die Erde von unseren Schuhen und jammern, daß wir vor lauter Zeitmangel nur die Hälfte der Arbeit erledigen konnten. Wie wird es in einem Monat sein, wenn die Dämmerung schon um vier Uhr kommt? Wie werden wir es aushalten, daß wir nach der Jause nicht mehr hinausgehen können? Was werden wir mit den Stunden tun, die wir in den vier Wänden verbringen müssen?

»Ich sag' dir, was wir tun werden«, erklärt Ominée resolut. »Wir werden mit den Händen arbeiten, aber nicht mit Spaten oder Jäter und auch nicht mit

Pflanzen oder Erde. Wir werden das Haus für die kommende Weihnachtszeit schmücken.«

Denn der Advent ist da, Advent, die Zeit des Ankommens, vier Wochen Warten auf die Geburt Christi. Eine Art atemlose Pause, ehe die Glocken läuten. Die stillste Zeit des Jahres.

Als erstes gilt es, einen Adventskranz zu machen. Er muß vier Kerzen haben, die an den vier Sonntagen vor Weihnachten angezündet werden. Heuer will ich einen Kranz aus Bast machen, statt aus den traditionellen Fichtenzweigen: er wird ländlich aussehen und den Vorteil haben, daß er im geheizten Wohnzimmer nicht trocknet und sich verfärbt. Ich lege einen großen Bund Bast auf den Küchentisch, ein Paket dicke rote Kerzen, dünnen Draht und rotes Leinenband, ungefähr drei Zentimeter breit.

Den Bast schnüre ich an einem Ende mit Draht ganz fest zusammen, hake den Bund an einen Türgriff, damit ich beide Hände frei habe, und teile ihn in drei Strähnen, die ich dann zusammen mit dem roten Leinenband zu einem dicken Zopf flechte. Das untere Ende des Zopfes binde ich, wie das obere, mit Draht fest. Jetzt heißt es, die beiden Enden zu einem Kreis zu verbinden und so ineinander zu flechten, daß man glaubt, einen endlosen Zopf vor Augen zu haben. Das ist sehr schwer und bedarf zweier Händepaare. Ich hole also Ominée zu Hilfe.

Jetzt müssen die Kerzen auf dem Kranz befestigt werden. Das ist in diesem Fall nicht so leicht, denn Bast ist keine feste Unterlage. Mit einem Messer ritze ich in jede Kerze, ganz unten, eine Rille: in diese Rille lege ich dünnen Draht, von dem ein längeres Stück übrigbleibt, das ich zum Befestigen der Kerze verwende, indem ich es durch den Kranz steche und unten umbiege. So bleibt die Kerze gerade und fest verankert.

Jetzt schneide ich ein Stück Knetmasse in dicke Streifen, rolle sie zwischen beiden Händen und lege die Rollen um die Basis jeder Kerze, als eine Art Sockel, in den ich dann so viele von Ominées Trockenblumen stecke, bis die Knetmasse nicht mehr zu sehen ist.

Zwischen den Kerzen befestige ich mit Draht rote Äpfel (mit Haarspray gegen Schrumpfen behandelt!) und kleine Fichtenzapfen. Und als letztes, zum Aufhängen, binde ich zwei Leinenbänder kreuzweise um den Kranz.

Inzwischen ist Großvater in der Werkstatt eifrig beschäftigt. Man hört Klopfen, Sägen, Bohren und viel Gemurmel, ab und zu auch ein Pfeifen. Jetzt kommt er in die Küche, in den Händen triumphierend die Früchte seiner Arbeit: einen Ständer für meinen Kranz. Der Ständer ist ganz aus Holz und besteht aus einer Bohnenstange, die Großvater in einen breiten, kreuzförmigen Fuß gesteckt hat. Wir befestigen die beiden Bänder des Kranzes mit einem Nagel oben auf der Stange. Der dicke, behäbige Bastkranz mit den roten Kerzen und den roten Bändern schwingt leicht auf seinem schlanken Ständer, ein Inbegriff vorweihnachtlicher Freude.

»Setzt euch doch und trinkt eine Tasse Tee«, sagt Ominée, die unser Prachtstück bewundert hat. »Ihr müßt doch müde sein.«

Großvater und ich sind aber in einem wahren Adventstaumel und lassen uns nicht aufhalten.

»Du kannst jedem eine Tasse bringen«, sagt Großvater, »aber wir werden den Tee im Stehen trinken. Wir müssen noch das Wohnzimmer schmücken. Ohne Engel geht's nicht.«

Er hat recht. Advent ist die Zeit des Wartens. Warten auf die Engel, welche die Geburt Christi ankündigen. Also müssen Engel her, das ist klar. Große Engel mit starken Flügeln, die in der Luft hängen und warten.

Unsere Engel – es sind zwölf, ich nenne sie die zwölf Brüder – sind aus Metallfolie, sechs in Gold und sechs in Silber. Zuerst zeichne ich einen Engel auf ein Stück Folie. Er hat einen runden Kopf, ein langes Gewand, aus dem die Füße ragen, und mächtige Flügel, die ihm bis zum Kopf und bis zu den Füßen reichen. Ich schneide ihn sorgfältig aus und verwende ihn als Modell für die elf anderen Engel. Jeder Engel bekommt ein Loch in den Kopf, durch das ich einen Faden ziehe.

Jetzt holt Großvater die Leiter, schlägt zwölf dünne Nägel in einem Kreis in die Decke ein und hängt die zwölf Brüder auf.

Abends, wenn wir um den Kamin sitzen – Großvater und ich mit einem Buch, Ominée mit dem Strickzeug , schauen wir hin und wieder zu den zwölf Brüdern hinauf. Sie schwingen ein wenig, drehen sich bald nach links, bald nach rechts, und das Licht der Flammen im Kamin wirft den Schatten ihrer Flügel auf die Decke. Sie scheinen in ein endloses feierliches Gespräch vertieft.

»Glaubst du, daß sie über die Geburt Christi reden?« frage ich.

»Ich glaube«, sagt Großvater, »daß sie die Lieder üben, die sie singen werden.«

»Weder – noch«, sagt Ominée, nüchtern wie immer. »Sie fragen sich, ob es zu Weihnachten Lebkuchen geben wird.«

Großvater verläßt das Zimmer, um Holz für den Kamin zu holen. Er kommt zurück, legt das Holz hin und nimmt meine Hand.

»Komm«, sagt er.

Zusammen treten wir aus der Küchentür in die Kälte hinaus. Die Nacht ist ohne Sterne: aber im Licht, das von der Küche in die Dunkelheit strahlt, fallen, sanft und still, die ersten Schneeflocken.

Fredrik Vahle

Weihnachten mit Bockwurst

Diesmal wollte es gar nicht richtig Weihnachten werden. Das Gras dampfte im Morgennebel. Die Sonne schien in die Regenpfützen, und die Spatzen machten einen Lärm, als wäre der Frühling schon da.

In dem kleinen Haus weit draußen vor der Stadt an der Landstraße sagte der Mann zu seiner Frau: »Was sollen wir Weihnachten nur machen? Die Kinder sind aus dem Haus, und mit den Kaninchen können wir doch nicht Weihnachten feiern.«

»Dann laden wir eben Gäste ein und machen vorher ein richtiges Fest mit Bockwurst und Kartoffelsalat«, sagte die Frau, »und du spielst auf der Ziehharmonika!«

»Das geht nicht«, sagte der Mann. »Vor Weihnachten haben die Leute entsetzlich viel zu tun.

Da hat niemand Zeit. Und wer kommt auch schon so weit zu uns raus?«

Da wurde die Frau traurig. Aber sie wünschte sich insgeheim doch noch ein Fest mit Bockwurst und Kartoffelsalat, einen lustigen Mann und Lieder auf der Ziehharmonika.

Und Weihnachten rückte näher. Am Tag vor Heiligabend war noch immer Frühlingswetter. Es nieselte den ganzen Tag, es war neblig, und alles war eng und grau. Aber dann kam der Wetterumschwung. Es wurde plötzlich sehr kalt, auf den Straßen gab es Glatteis, und es fing an zu schneien. Es schneite und schneite, und es hörte nicht auf zu schneien. Die Frau schmückte einen kleinen Weihnachtsbaum, der Mann sah sich alte Fotos an. Heiligabend klingelte das Telefon, und die »Kinder« wünschten frohe Weihnachten. Dann waren die beiden wieder allein. Als sie sich früh schlafen legten, schneite es immer noch, und am nächsten Morgen waren sie richtig eingeschneit. Überall lag weißer, glitzernder Schnee, und die graue Nebellandschaft hatte sich in eine weite Schneelandschaft verwandelt, über der sich ein großer blauer Winterhimmel wölbte.

»Wie schön«, sagte die Frau, »wenigstens haben wir jetzt wunderbares Weihnachtswetter.«

Aber der Mann schimpfte auf den vielen Schnee, denn er brauchte die ganze Zeit bis zum Mittagessen, um den Weg zum Gartentor freizuschaufeln.

Nach dem Mittagessen sagte die Frau wieder: »Wie schön wäre es, wenn Leute zu uns kämen und wir hätten ein Fest mit Bockwurst und Kartoffelsalat.«

»Ein bißchen Gesellschaft können wir schon haben«, sagte der Mann und ging hinters Haus. Als er wiederkam, hatte er einen Korb in der Hand, und in dem Korb saßen sieben kleine schwarzbraune Kaninchen. Der Mann nahm eins von den Kaninchen heraus und setzte es der Frau auf die Schulter. Das Kaninchen schnupperte mit seiner kleinen, zarten Kaninchennase im Nacken der Frau herum, da mußte sie kichern. Das ging eine ganze Weile so.

Dann sagte die Frau: »Eine richtige Gesellschaft ist das nicht.«

Der Mann brachte die Kaninchen wieder hinaus, und sie saßen wieder still in der Stube. Das Telefon klingelte nicht ein einziges Mal, es fing wieder an zu schneien, und es wurde langsam dämmerig.

Plötzlich ging der Mann ans Fenster und sagte: »Frau, da ist was los! Mir war, als hätte das Gartentor gequietscht.«

Die Frau hielt den Atem an, und tatsächlich, sie hörten knirschende Schritte auf dem Gartenweg, und dann ertönte die Hausglocke: Bim bam, bim bam! Ein Mann stand vor der Tür, der hatte ein rotgefrorenes Gesicht, und sein Atem dampfte.

»Ich schaff' es nicht, ich schaff' es nicht«, keuchte er. »Mein Auto steckt da vorne in einer Schneewehe. Darf ich bei Ihnen mal telefonieren?«

»Natürlich«, sagte die Frau, »kommen Sie nur rein.«

Der Mann telefonierte und fing gleich an zu schimpfen.

»Was, erst in zwei Stunden? Soll ich denn mit meinen Kindern im Straßengraben erfrieren?«

»Ach, Kinder haben Sie auch?« sagte die Frau. »Holen Sie die doch rein. Auf das Abschleppauto können Sie auch hier drin warten!«

Bald saß der Mann mit seinen zwei Kindern, einem Käfig mit Goldhamstern und einem Rauhhaardackel in der Stube. Die Frau kochte Tee, und der Mann holte für die Kinder Limonade.

»Gibt's hier kein Fernsehen und keine anderen Kinder?« fragte das Mädchen.

»Nein, eigentlich nicht«, sagte der Mann, »aber Kaninchen haben wir.«

Er holte den Korb mit den Kaninchen wieder herein, die liefen um den Weihnachtsbaum herum, und der Mann mußte den bellenden Rauhhaardackel festhalten. Die Goldhamster rappelten dazu in ihrem Käfig.

Der Mann von draußen taute langsam auf und sagte, so einen wohltuenden Tee habe er noch nie getrunken. Die Frau freute sich, daß es so lustig herging in ihrem Haus, und fing an, von früher zu erzählen.

Aber plötzlich legte der Mann wieder die Hand ans Ohr und sagte: »Hört ihr, das Gartentor hat wieder gequietscht!«

In der Stube wurde es still. Nur die Goldhamster hörten nicht auf, in ihrem Käfig zu rappeln. Wieder ertönte die Hausglocke: Bim bam, bim bam!

Vor der Tür stand eine Frau, die hatte einen leeren Benzinkanister in der Hand und sagte: »Ach bitte, wir brauchen Benzin, prego.«

Der Mann neben ihr zeigte auf sein Portemonnaie. Das sollte heißen: Wir wollen das Benzin auch bezahlen.

»Wir haben kein Benzin«, sagte der Mann aus dem Haus. »Aber in anderthalb Stunden kommt das Abschleppauto. Das wird sicher auch Benzin dabeihaben.«

»Und vorher kommen Sie man alle rein«, sagte die Frau. »Wir haben heißen Tee und für die Kinder Limonade. Nur zu essen haben wir kaum noch was.«

Und wieder dachte sie an Bockwurst und Kartoffelsalat.

Die beiden Neuankömmlinge liefen zu ihrem Auto zurück, und als sie wiederkamen, hatte die Frau einen italienischen Weihnachtskuchen und der Mann einen Papageienkäfig samt Papagei dabei. Der Kuchen wurde geteilt, jeder bekam ein kleines Stück, auch die Goldhamster und der Rauhhaardackel und sogar der Papagei. Die Kinder fingen an zu singen – alle durcheinander. Dann stand der Italiener auf und sang: »O santissimo natale fulgido.«

»Das ist doch ›O du fröhliche‹«, sagte die Frau.

Da sangen die einen das Lied auf deutsch und die anderen auf italienisch, und der Papagei und der Rauhhaardackel sangen das Lied auf ihre Weise mit. Die Goldhamster rappelten weiter in ihrem Käfig.

Als das Lied zu Ende gesungen war, klatschten alle, und die Frau dachte wieder an Bockwurst mit Kartoffelsalat. Aber sie sagte zu ihrem Mann: »Hol doch mal die Ziehharmonika.«

Der Mann holte die Ziehharmonika und spielte die drei Lieder, die er immer spielte, so schön wie noch nie. Er spielte zuerst den Donauwalzer, dann das Lied »O wie traurig bin ich heute« und zum Schluß die Schneeflockenpolka.

Aber mitten in die Schneeflockenpolka hinein sagte die Frau: »Das Gartentor, es hat wieder gequietscht.«

Und schon hörten alle die Hausglocke: Bim bam, bim bam!

Diesmal war es ein Mann, der es sehr eilig hatte zu telefonieren.

Aber am Telefon fing er auch gleich an zu schimpfen: »Was, die Sache fällt aus wegen Schnee und Glatteis? Was soll ich denn jetzt mit den fünfzehn Portionen machen? Wer soll denn das alles essen? Na gut, wenn Sie's bezahlen, nehm' ich's wieder mit.«

Kaum hatte die Frau das Wort »essen« gehört, dachte sie schon an Bockwurst mit Kartoffelsalat und fragte den Mann etwas schüchtern: »Was ist denn mit dem Essen?«

»Fünfzehn Portionen«, sagte der Mann, »für nichts und wieder nichts.«

»Kommen Sie erst mal rein«, sagte die Frau, »und trinken Sie eine Tasse Tee. Leider haben wir keinen Kuchen mehr.«

»Das macht nichts«, sagte der Mann, »ich hab' mir's überlegt. Schließlich ist mein Auto keine Tiefkühltruhe. Ich hole die Portionen rein, und dann machen wir sie warm.«

»Was sind denn das für Portionen?« fragte die Frau und dachte an Bockwurst mit Kartoffelsalat. Sie konnte kaum weitersprechen, soviel Wasser war ihr im Mund zusammengelaufen.

»Ach, nichts Besonderes«, sagte der Mann, »es sind nur fünfzehn Portionen Bockwurst mit Kartoffelsalat. Nicht der Rede wert.«

Aber die kleine Frau war schon am Küchenschrank und holte die Teller und ein großes Glas mit Düsseldorfer Löwensenf. Sie freute sich wie bei einer Weihnachtsbescherung.

Dann gab es Würstchen und Kartoffelsalat mit Ziehharmonikamusik, zuerst die Schneeflockenpolka, dann »O wie traurig bin ich heute« und dann den Donauwalzer.

Jetzt waren sechs Erwachsene in dem Haus, zwei Kinder, zwei Goldhamster, ein Rauhhaardackel und ein Papagei, und als das Gartentor wieder quietschte, hörte es niemand, denn das Fest war ziemlich laut geworden. Erst als die Hausglocke ertönte: Bim bam, bim bam! und der Rauhhaardackel anfing zu bellen, wurden die andern aufmerksam. Es war der Abschleppwagenfahrer, und der bekam die zwei letzten Portionen Bockwurst und Kartoffelsalat. Er blieb noch eine Weile und mußte sich auch den Donauwalzer und die Schneeflockenpolka und zum Schluß das Lied »O wie traurig bin ich heute« anhören. Dann bedankten sich alle ganz herzlich und sagten, das sei ja ein richtig schönes Fest gewesen, und so was auch noch zu Weihnachten!

Dann war das kleine Haus an der Landstraße wieder leer. Nur der Mann und die Frau waren noch da. Die Frau setzte sich aufs Sofa, und der Mann spielte noch Ziehharmonika, als die Frau schon lange eingeschlafen war.

Gunhild Sehlin

In Bethlehem

Aus dem Schwedischen von Katja Nordmann-Mörike

Josef und Maria entdeckten bald, daß Bethlehem
eine Stadt mit ebenso kleinen Häusern und ebenso winkligen Straßen war wie Nazareth. Aber
wohin sollten sie sich um Unterkunft wenden?
Sie gingen aufs Geratewohl los und kamen bald
zu einer Herberge. »Hier vermieten sie Zimmer
an Reisende«, erklärte Josef. »Warte, ich will fragen, ob wir bleiben können.«
Aber als er hineinkam, waren schon alle Zimmer
vergeben. Nicht der kleinste Winkel war frei. Es
war überfüllt.
»Wir müssen zur nächsten Herberge«, sagte Josef
zu Maria. »Es gibt bestimmt mehrere.«
Sie suchten von einer Gasse zur anderen.

»Meine Frau ist müde, ihr Kind kann jeden Augenblick geboren werden«, sagte Josef jedesmal, wenn er eine Herberge betrat.

Und die Wirte antworteten immer gleich: »Unmöglich. Versuch es woanders.«

Als sie überall gewesen waren, meinte Josef: »Vielleicht nimmt uns eine Familie.«

»Am meisten sorge ich mich um unseren kleinen Esel«, seufzte Maria. »Sieh, wie er humpelt! Er muß ausruhen.«

»Versuchen wir es in diesem Haus«, sagte Josef und klopfte an.

Ein alter weißhaariger Mann öffnete.

»Lieber Freund, könnt ihr uns heute nacht aufnehmen?« fragte Josef. »Wir sind eben nach Bethlehem gekommen, aber es ist kein Raum für uns in einer Herberge.«

»Es tut mir leid«, beteuerte der Alte. »Ihr hättet gerne hier bleiben können, aber kurz vor euch kam eine Familie mit Kindern, und die ließ ich herein. Nun habe ich nicht die kleinste Ecke frei. Aber geht zum Nachbarn. Er hat ein gutes Herz.«

»Danke für eure Freundlichkeit«, sagte Josef. Und er klopfte am nächsten Haus an.

Dort erging es ihm ebenso. Und auch im nächsten Haus und im übernächsten, die ganze Straße entlang; es waren zu viele Menschen nach Bethlehem gekommen auf das Gebot des mächtigen Kaisers.

»Wenn der Esel noch könnte, wäre es das beste, wir gingen zu den Hirten zurück«, überlegte Josef schließlich. »Aber ich weiß nicht, ob er sich in der Dunkelheit zurechtfindet.«

»Gott hilft uns bestimmt«, tröstete Maria. »Sei ruhig, Josef. Der Esel fand immer eine Unterkunft für uns.«

»Ich wollte, du hättest recht, Maria«, sagte Josef. »Aber der Esel ist ganz verändert.«

Ja, der Esel war ganz anders als sonst. Er hatte große Schmerzen im Bein und war schrecklich müde. Er ließ den Kopf fast bis zur Erde hängen. Deshalb sah er auch den Engel nicht.

Aber der Engel wußte Rat. Als der Esel nicht aufsah, winkte er den Vögeln von Nazareth. Die kamen gleich. Sie hatten alle den ganzen Nachmittag über den Esel, Josef und Maria kreuz und quer durch Bethlehem irren sehen und sorgten sich sehr. Nun freuten sie sich! Plötzlich spitzte der Esel die Ohren. Was war das für Vogelgezwitscher, laut und klar in Dunkel und Kälte?

Natürlich, die Vögel von Nazareth. Und was sangen sie?

»Komm, komm, komm, kleiner Esel! Hier gibt es Raum und Wärme.«

Da reckte der Esel wieder den Hals und hob den Kopf hoch. Er sah den Engel am Ende einer Nebenstraße. Ohne zu lahmen, trippelte er eifrig in diese Richtung.

»Hörst du, Josef?« fragte Maria verwundert. »Meine Vögel singen.«

»Ja«, sagte Josef. »Seltsam. Ich habe noch nie Vogelgezwitscher mitten in der Nacht gehört, und in einer so kalten dazu.«

»Der Esel hat den Weg erfahren«, lächelte Maria. »Er hat es plötzlich eilig.«

Nun setzte sich der Esel sogar in Trab, und Josef mußte hinterherlaufen. Das tat er nur zu gerne.

Da verschwanden plötzlich die dichten Wolken, die den ganzen Nachmittag und Abend den Himmel über Bethlehem verhüllt hatten, und der Himmel wurde klar.

Genau über der Stadt leuchtete ein großer Stern, wie ihn nie zuvor jemand gesehen hatte.

Als der Esel um die nächste Ecke bog, stand da ein strahlendweißes Haus. An der Tür winkte der Engel und lächelte, während im Garten die Vögel von Nazareth zwitscherten. Josef und Maria hörten die Vögel singen und sahen das Haus, aber den Engel, den sahen sie nicht.

»Was ist das für ein Palast?« fragte Josef erstaunt.

»Er glitzert über und über. Woraus mag er gebaut sein? Es muß eines sehr reichen Mannes Haus sein.«

»Da können wir nicht hineingehen«, sagte Maria ängstlich. »Einfache Menschen wie wir. Aber Josef, es sieht aus, als ob der Esel uns genau dahin führte.«

Josef versuchte den Esel aufzuhalten, aber der Esel war starrköpfig.

»Lieber Josef«, sagte Maria, »vielleicht ist es doch richtig, meine Vögel singen in dem Garten.«

»Wirklich? Wirklich?« fragte Josef verwundert.

Als sie aber näher an das Haus kamen, sahen Josef und Maria, daß es gar nicht vornehm und groß war, wie sie zuerst gedacht hatten. Es war ein einfacher, alter Stall mit windschiefen Wänden. Das strahlende Sternenlicht hatte ihn verzaubert und blendend weiß und stattlich erscheinen lassen.

»Oh!« rief Maria erfreut. »Nur ein Stall! Da sollen wir bestimmt wohnen. Ich hätte auch nie geglaubt, daß wir in einem feinen Haus unterkommen, wir sind viel zu staubig und schmutzig.«

»Gut«, sagte Josef aufatmend. »Hier wollen wir wohnen. Das paßt mir. Ich werde den alten Mann an der Türe fragen.« Da stand tatsächlich ein alter, gebeugter Mann vor dem Haus. Er hatte das ungewöhnliche Vogelkonzert in der dunklen Nacht gehört und war hinausgegangen, um nach diesen Vögeln zu sehen. Da entdeckte er den Stern mit seinem hellen Licht. Aber weil er vor dem Stall stand, merkte er nicht, wie der Stern ihn versilberte. Dafür sah er den Esel mit Maria und Josef des Weges kommen. Und über ihnen lag der Sternenglanz so leuchtend, daß der Alte glaubte, ein König und eine Königin kämen auf ihn zu.

»Da kommt ja der König, von dem ich träumte«,

dachte er. »Und seine Königin ist auch dabei. Welch schöne Kleider sie tragen, als wären sie aus reinen Silberfäden gewebt. Und wer hat je solch einen prächtigen Esel gesehen! Er glänzt wie teure Seide, und seine Hufe glitzern wie das reinste Gold. Wie soll ich wagen, sie in mein Haus zu bitten?«

Der Alte fing vor Aufregung an zu zittern, aber als die Reisenden sich näherten, beruhigte er sich. Auch sie waren arm: Ein ganz gewöhnlicher Esel trug auf seinem Rücken eine arme junge Frau, und die Kleider des Mannes, der den Esel führte, waren einfach und staubig.

Während der Alte stand und vor Staunen blinzelte, verneigte sich Josef tief vor ihm und sagte: »Guter Mann, gebt uns Obdach für diese Nacht. Wir sind alle sehr müde. Meine Frau und mein Esel müssen ausruhen.«

Der Alte öffnete die Tür: »Ich habe nur diesen alten Stall. Neben meinen zwei Schafen und meiner Kuh ist Platz genug darin, wenn ihr damit zufrieden sein wollt.«

»Und ob wir wollen!« sagte Josef. »Nichts ist uns lieber.«

»Eigentümlich«, erzählte der Mann, »letzte Nacht bekam ich im Traum den Befehl, meinen Stall in Ordnung zu bringen und alles Heu vom Felde einzuholen: Ein König würde zu Besuch kommen. Und als ich aufwachte, erfüllte ich alles, obgleich ich über mich lachte. Was sollte ein König in einem Stall? Was wollte er mit Heu? Und da kamt ihr des Weges, und es strahlte und glänzte, als ob ihr tatsächlich König Salomo und die Königin von Saba wäret. Doch nun seid ihr arme Reisende. Mir ist das lieber; vor einem König wäre ich verlegen gewesen. Aber hier stehe ich und schwatze. Kommt herein! Tretet ein!«

»Weißt du was, alter Mann«, sagte Maria. »Wir dachten erst, dein Haus wäre ein strahlender Palast. Aber dann sahen wir, daß der helle Stern ihn versilbert hatte.«

»Ein merkwürdiger Abend«, bemerkte der Alte. »Dieser große Stern, wie es noch nie einen gab, und Vogelgesang mitten in einer Winternacht. Der hat mich herausgelockt.«

»Das sind meine Vögel«, erklärte Maria. »Sie fliegen mir nach seit Nazareth. Sicher haben sie den Esel gerufen, damit wir uns zurechtfinden.«

»Gottes Wege sind wunderbar«, sagte der Alte. »Wollt ihr mit mir mein einfaches Abendbrot teilen und dann ruhen? Welch ein Glück, daß ich all mein Heu heute hereingebracht habe; darauf könnt ihr liegen.«

»Hier haben wir es gut«, meinte Maria.

»Besser könnten es kein König und keine Königin haben«, lachte Josef.

Der kleine Esel aber schlief schon in einer Ecke. Er hatte Maria ans Ziel gebracht. Endlich durfte er schlafen.

Regine Schindler
Der vierte Adventssonntag

Es dauerte jetzt nicht mehr lange bis Weihnachten. Noch wenige Tage! Max stand vor dem kleinen Spiegel in seiner Küche. Er bemalte sein Gesicht: rot und weiß. Er schnitt Grimassen. Er lachte, und er machte ein trauriges Gesicht. Er machte den Mund weit auf und kniff ihn zusammen. Er spitzte die Lippen, als wollte er jemandem einen Kuß geben. »Das bin nicht mehr ich, der Max, da im Spiegel!« dachte er. »Salü, Pierino«, flüsterte er und winkte dem Spiegelbild zu. »Einen Gruß an deinen Direktor Nock! Sag ihm, wir hätten große Fortschritte gemacht. Besser, immer besser . . .«
Er setzte die rote, struppige Perücke auf und wiegte den Kopf hin und her. »Stille Nacht, heilige Nacht«, sang er, und »Morgen kommt der Weihnachtsmann, kommt mit seinen Gaben«. Er

hatte die Lieder gut gelernt. Nur die Melodien kannte er noch von früher. »Wir werden zwei gute Weihnachtsmänner sein«, dachte er: Max und Robi, genannt Pierino und Ibor.

Da klopfte jemand an die Tür der Dachwohnung. Schnell schloß Max die Küchentür von außen und machte Robi auf. »Zur Probe bereit!« sagte er und verbeugte sich. »Ich natürlich auch«, antwortete Robi. Er war Max nicht mehr böse wegen des Geheimnisses in der Küche. Aber gespannt war er, maßlos gespannt!

Max und Robi hatten jetzt jeden Tag im Wohn-, Schlaf- und Arbeitszimmer von Max geübt. Hier hing auch Robis Perücke, und vor dem Fenster, im Kühlen, standen die zwei Hüte, die noch niemand sehen durfte: lustige, spitze Hüte aus Tannenzweigen. – Auch Robi wurde angemalt; er stülpte seine Perücke über und schlüpfte in das alte Kostüm von Pierino – es war ihm nur ganz wenig zu groß. Während er sich anzog, sagte er: »Vier Adventskerzen haben wir heute angezündet, und Mutter hat mir eine Geschichte vorgelesen, sonst wäre ich früher zu dir gekommen. Es war eine Geschichte von Weihnachtsgeschenken. Und da fiel mir etwas ein, Max, etwas Dummes: Ich habe kein einziges Weihnachtsgeschenk gebastelt. Einfach verschwitzt! Wie findest du das?« »Aber Robi, aber Ibor, du Dummerjan! Hast du denn gar nichts gemerkt? Wir basteln ja die ganze

Zeit an unserem Weihnachtsgeschenk, wenn wir üben.«

Robi sah Max zuerst zweifelnd an und hörte ihm zu: »Und darum ist das, was wir jetzt üben, unser Weihnachtsgeschenk – nicht nur für deine Mutter und Frau Zuber, sondern für alle, die zuschauen. Glaubst du nicht, sie werden sich freuen?« Robi dachte nach. »Dann kann ich also Mama sagen, daß ich bei dir Weihnachtsgeschenke bastle, wenn sie fragt, was wir die ganze Zeit treiben?«

»Ja, klar kannst du ihr das sagen, was denn sonst?«

Robi dachte noch weiter nach. »Aber weißt du was, Max? Wenn unsere Vorführung ein Geschenk sein soll, dürfen wir doch kein Geld sammeln. Meinst du nicht auch?« Max nickte. »Und die Banknote für meine Mutter!« seufzte Robi. »Sieben Franken habe ich gespart – die brauche ich nicht mehr für die Meerschweinchen.«

Robi konnte jetzt von Mopsi und Flopsi sprechen, ohne zu weinen. »Beide sind verkauft. Vom Tierladen bekomme ich also noch fünf Franken, dann habe ich zwölf im ganzen. Acht Franken fehlen mir noch – dann hätte ich die Zwanzigernote wieder beisammen.«

»Aber Robi, das ist nun wirklich kein Problem!« Max holte seinen Geldbeutel aus der Küche und drückte die acht Franken in Robis Hand. »In Ordnung?« Robi strahlte. Er wollte sich bedanken.

»Ich geb' sie dir zurück, Ehrenwort!« Aber Max wehrte ab. Er holte die Stäbe, die Untertassen, die Bälle. Erst jetzt konnte die Probe beginnen. Noch nie waren die Kunststücke Pierino und seinem Gehilfen Ibor so gut gelungen.

Sigrid Heuck
Lizzy backt Weihnachtsplätzchen

Mit das schönste an Weihnachten war die Vorweihnachtszeit. Jedenfalls fand Lizzy das.

Es fing damit an, daß jeder vor jedem ein Geheimnis hatte, und ging damit weiter, daß das ganze Haus nach Zimt, Nelken und Anis duftete. Mutters empörte Schreie gehörten dazu, die sie von sich gab, wenn jemand etwas von ihrem Plätzchenteig stahl, und Großmutters Stricknadelgeklappere am frühen Morgen natürlich auch.

Seitdem draußen Schnee lag, kam Buffalo Bill nur noch selten hinter dem Ofen hervor. Da konnte nach ihm schreien, wer wollte, es war ihm ganz egal. Er stellte sich einfach taub.

Am Abend kamen oft die Nachbarn zu Besuch. Dann holte der Vater seine Fiedel aus dem Schrank, Piet und Lizzy begleiteten ihn auf ihren

Weidenflöten, und die anderen sangen. In dieser Zeit half Lizzy gern der Mutter in der Küche. Da gab es immer genug zu tun. Der Ofen brauchte mehr Holz als sonst. Die Backbleche mußten bestrichen werden, der Teig ausgerollt und ausgestochen. Das Ausstechen war Lizzys Lieblingsbeschäftigung. Sie nahm dann ein kleines Weinglas und drückte es wieder und wieder in den ausgerollten Teig. Wenn sie damit fertig war, hob sie vorsichtig die ausgestochenen Plätzchen mit einem Messer hoch und setzte sie aufs Backblech. Immer schön eines neben das andere.

»Schade«, sagte die Mutter zu ihr. »Schade, daß wir keine Förmchen haben. Bei uns zu Hause gab es Herzen und Sterne, Gockelhähne, Häschen, Kringel und Rauten. Aber hier in Elk-City gibt's keine Förmchen zu kaufen. Immer nur runde Plätzchen sind langweilig.«

Lizzy sah erstaunt auf die Reihen der kreisrunden Plätzchen auf dem Backblech.

»Aber«, rief sie fröhlich. »Warum bist du traurig? Das stimmt doch gar nicht. Sieh mal!« Sie zeigte auf das erste Plätzchen einer Reihe. »Das da ist die Sonne und das daneben der Vollmond. Dann kommt ein Dollarstück, dann ein Mühlstein und Mr. Adams Kahlkopf von oben. Das hier ist eine Null und das ein Pfannkuchen, das Auge eines Vogels, eine runde Blume, der Punkt auf dem Flügel eines Schmetterlings und viele, viele Sterne. Miss Kathy hat uns nämlich kürzlich erzählt, daß die Sterne in Wirklichkeit rund sind und keine Zacken haben. Wie kannst du nur behaupten, daß unsere Plätzchen langweilig sind?«

Da mußte ihr die Mutter recht geben. Und wenn an Weihnachten jemand ein rundes Plätzchen in den Mund schob, sagte sie jedesmal: »Jetzt ißt du gerade den Vollmond oder Mr. Adams Kahlkopf von oben oder den Punkt im Flügel eines Schmetterlings.«

Da schmeckten die Plätzchen gleich noch viel besser.

Der Großmutter aber blieb nichts anderes übrig, als ihr Strickzeug beiseite zu legen und ein neues Stoffbild zu nähen. Doch diesmal war es einfach. Sie nähte lauter runde Weihnachtsplätzchen, und damit es lustiger aussah, suchte sie bunte Flicken dazu aus.

Gina Ruck-Pauquèt

Warum jedes Jahr wieder Weihnachten ist

Am Tag vor dem Heiligen Abend sind die Kinder
so unruhig, daß sie überhaupt nichts mehr mit
sich anzufangen wissen.

»Was sollen wir nur tun?« fragen sie die Mutter.

»Lauft nicht immer hinter mir her«, sagt die Mutter. »Ihr stört mich. Ich habe jetzt keine Zeit. Spielt
doch ein bißchen Domino!« schlägt sie dann vor.
Eine Weile spielen Pit, Pat und Pet Domino. Dann
haben sie keine Lust mehr.

»Was sollen wir tun?« fragen sie wieder. »Die Zeit
geht nicht rum!«

»Bürstet den Kater Jippi«, sagt die Mutter. »Damit
er Weihnachten fein aussieht.«

Aber der Kater Jippi will sich nicht bürsten lassen.

Er faucht und schlägt mit den Krallen, und zum Schluß läuft er auch noch weg. Damit die Mutter aber endlich ihre Ruhe hat, geht sie auf den Speicher und holt einen Stapel uralter, verstaubter Bücher herunter.

»Die hat meine Mutter gelesen, als sie noch klein war«, sagt sie. »Schaut sie euch an.«

Da setzen sich Pit, Pat und Pet vor den Kamin und lesen in den uralten Büchern. Draußen peitscht der Regen gegen die Fensterscheiben, und auf einmal ist es richtig schön.

Wie es früher war, lesen Pit, Pat und Pet. Da gab es noch keine großen Städte, und die Leute wohnten draußen inmitten der Wälder und Wiesen. Viele wunderbare Geschichten stehen in den Büchern. Und auf einmal ist der Tag zu Ende, und die Kinder haben es gar nicht gemerkt.

»Da sind die Rehe bis an die Häuser gekommen«, sagt Pat, als sie ihre Nachthemden angezogen haben und zu Bett gehen.

»Ja, und die Leute haben wunderbare Kräuter gefunden«, erzählt Pet. »Manche waren gut für die Knie, wenn man hingefallen ist.«

Pit sieht sehr nachdenklich aus.

»Das schönste war, daß es den ganzen Winter geschneit hat«, sagt er endlich. »Hier regnet es nur.«

Pat und Pet nicken. Sie schieben den Vorhang zur Seite und schauen hinaus. Es regnet immer noch.

»Nicht mal zu Weihnachten gibt es Schnee«, sagt Pat. Dann knipst sie die Lampe aus, und jeder denkt still für sich noch ein paar Gedanken, bis er einschläft. In der Nacht aber geschieht etwas Merkwürdiges:

Pit, Pat und Pet träumen den gleichen Traum ...

Sie gehen durch einen tiefen, dunklen Tannenwald, und es beginnt zu schneien. Lautlos schweben die Flocken herab. Zuerst ganz kleine, und dann werden sie immer größer, bis sie fast so groß wie Schmetterlinge sind. Die Bäume breiten ihre Zweige aus und nehmen die Schneeflocken auf. Und auf einmal ist der Himmel übersät mit goldenen Glöckchen, die leise klingeln. Vielleicht sind es die Sterne, die lachen. Man weiß es nicht. Da treten die Tiere aus dem Gesträuch: Die stolzen Hirsche, die Füchse und Rehe, Eichhörnchen mit buschigen Schwänzen, Igel und Hasen. Und ringsum schwirren bunte Vögel umher und zwitschern. Die Hirsche beugen ihre Knie und lassen Pit, Pat und Pet auf ihre Rücken steigen. Auf sanften Hufen traben sie durch den Winterwald. Ganz zart singt der Wind in den verschneiten Bäumen, der Schnee breitet seinen weißen Teppich aus, und der Mond legt einen goldenen Schimmer darüber. So feierlich und still ist es, daß es den Kindern ganz seltsam zumute wird vor lauter Glücklichsein.

Aber dann, auf einmal haben sie nicht aufgepaßt,

und – plumps – fallen sie vom Rücken der Hirsche hinunter in den Schnee.

Als Pit, Pat und Pet die Augen öffnen, stellen sie fest, daß sie aus ihren Betten gepurzelt sind.

»Ach, es war nur ein Traum!« seufzen sie und reiben sich die Augen.

Und da sind sie alle drei ein bißchen traurig. Doch als sie aus dem Fenster schauen, sehen sie, daß etwas Wunderbares geschehen ist. Über Nacht hat sich die große Stadt verwandelt – es hat geschneit!

»Hurra!« schreien Pit, Pat und Pet.

Sie waschen sich schnell ein ganz kleines bißchen, ziehen sich an und laufen hinaus. Nie war es so still. Selbst die Autos fahren lautlos durch die weißen Straßen und haben Schneehüte auf. Die Häuser sehen aus wie mit Zuckerguß überzogen, vor den Fenstern hängen schillernde Eiszapfen, und die Leute haben die Kragen ihrer Mäntel hochgeschlagen und schauen so vergnügt drein wie schon lange nicht mehr.

Und immer neue Schneeflocken segeln vom Himmel herunter und lassen sich nieder, wo es ihnen eben Spaß macht. Da fassen sich die Kinder bei den Händen und tanzen und springen.

»Es schneit! Es schneit!« singen sie.

Und sie denken, daß Heiligabend ist und daß die Stadt nun genauso schön aussieht wie die Dörfer in den uralten Büchern.

Plötzlich aber entdecken sie noch etwas: Vor der Haustür steht ein großer, tiefverschneiter Tannenbaum. Lange schauen sich die Kinder an, ohne ein Wort zu sagen.

»Er ist aus dem Wald gekommen!« flüstert Pat dann.

»Aus dem geträumten Wald!« haucht Pit.

Und Pet sagt leise: »Unser Weihnachtsbaum!«

Es ist wirklich eine großartige Sache. Und außerdem dauert es jetzt nur noch ein paar Stunden, bis Weihnachten ist. Zuerst machen Pit, Pat und Pet eine Schneeballschlacht, dann bauen sie einen Schneemann, aber schließlich gehen sie doch lieber ins Haus.

Da ist es so aufregend und geheimnisvoll wie an keinem anderen Tag im Jahr. Ganz feierlich klingt die Musik aus dem Radio. Die Eltern sind im Wohnzimmer verschwunden. Und es knistert und klappert, und plötzlich klingelt sogar ein Glöckchen. Aber nicht einmal durch das Schlüsselloch können die Kinder etwas sehen.

»Jippi ist natürlich drin!« sagt Pet. »An sich ist es ungerecht!«

Aber Pit, Pat und Pet sind viel zu aufgeregt, um sich wirklich zu ärgern. Sie laufen zum Fenster und wieder zurück, und dann setzen sie sich ums Radio und lauschen den Geschichten, die ein Mann erzählt. Ganz langsam wird es dämmerig.

»So!« ruft da plötzlich die Mutter, und sie sieht

sehr vergnügt aus. »Wenn alle Kinder sauber sind, wollen wir nachsehen, was das Christkind gebracht hat!«

Da gibt es einen furchtbaren Andrang auf das Badezimmer, und diesmal waschen sich Pit, Pat und Pet sogar hinter den Ohren. Ganz ordentlich sehen sie alle drei aus. Die strubbeligen Haare haben sie sich mit Wasser festgeklebt.

Und dann ist endlich, endlich Weihnachten! Der ganz große Augenblick ist da: Die Wohnzimmertür öffnet sich, und da steht der Tannenbaum, strahlend und glitzernd, und erfüllt alles mit seinem Glanz. Nach Wald duftet es, nach Kerzenwachs und Lebkuchen, und nach Braten auch. Lange stehen die Kinder wie verzaubert, stumm und mit großen Augen.

»Na?« sagt der Vater endlich.

Und da stürzen sich Pit, Pat und Pet auf ihre Geschenke. Der Malkasten ist da, das Flugzeug, das Auto und noch eine Puppe, eine Lokomotive, ein Schiff und viele bunte Bilderbücher. Fast kann man es gar nicht begreifen, wie lieb das Christkind ist!

»Schau!« schreit Pit.

»Hier!« brüllt Pat.

Und Pet jubelt: »Oh! Wie schön! Wie schön!«

»Ich bin so dick voller Freude, daß ich platzen könnte«, sagt Pit endlich, und den beiden anderen geht es ebenso.

Ja, und der gehäkelte Hut paßt der Mutter wunderbar, und der Vater verspricht, ab sofort Pfeife zu rauchen anstatt Zigaretten. Jippi jagt mit der Gummimaus umher, und dann essen sie Braten, und alle sind richtig glücklich.

»Komisch«, sagt Pit endlich, als sie still und satt nebeneinander sitzen. »Weihnachten, das ist der Baum und die Geschenke und Musik und Braten. Doch es muß auch noch etwas anderes sein. Sonst würde die Freude doch jetzt aufhören. Sie hört aber nicht auf!«

Pat und Pet schauen ihn nachdenklich an.

»Ja«, sagt Pet, »das ist nur das Drumherum.«

Und Pat fragt: »Was ist denn der Kern von Weihnachten?«

Die Eltern lächeln.

»Weihnachten ist das Zeichen für einen Neubeginn«, sagt der Vater. »Das Licht kommt in die Welt und die Liebe.«

»Ja«, überlegt Pat, »Weihnachten lieben alle Menschen einander.«

»Aber nach Weihnachten hören sie wieder damit auf«, stellt Pet fest.

»Ist darum jedes Jahr wieder Weihnachten? Damit man wieder neu anfängt?« fragt Pit.

»Ja«, sagt die Mutter. »Die Menschen sind halt vergeßlich. Und Weihnachten soll sie immer wieder daran erinnern, daß sie neu anfangen können, gut zu sein.«

Da werden Pit, Pat und Pet sehr still. Jeder von ihnen nimmt sich heimlich vor, von jetzt ab ein besserer Mensch zu sein.

Und dann fängt der Kater Jippi mit dem Unsinn an! Er rast nämlich plötzlich am Weihnachtsbaum empor und schlägt drei Glaskugeln kaputt. Nun ist der Kater Jippi allerdings kein Mensch, und vielleicht hat er ja auch keine guten Vorsätze gehabt, aber danach dauert es nicht mehr lange, als das mit Pet passiert.

Bevor er es selber recht merkt, hat er Pit einen Marzipankringel vom Teller geklaut. Nur so. Pit hat es gleich mitgekriegt. Er ist mit einem Satz bei Pet und tritt ihn gegen das Schienbein. Und weil sie bei der Gelegenheit beide versehentlich auf Pats neuer Puppe herumtrampeln, beginnt Pat zu schreien wie am Spieß.

Die Eltern stehen nur da und schauen sie an. Da sind sie plötzlich alle drei ganz still. Wie erstarrt wirken sie. Und dann heulen sie los. Zuerst Pat, dann Pit, und zuletzt auch Pet.

»Nun war alles vergebens!« schluchzt Pat.

»Das ganze Weihnachten!« schnuffelt Pit.

»Und dabei wollte ich ein guter Mensch werden!« jammert Pet. »Und zwar augenblicklich!«

»Nun hört mal auf zu weinen«, sagt die Mutter da. Und der Vater nimmt sie alle drei in die Arme. »Es kann schon vorkommen, daß einem ein Anfang mißlingt«, tröstet er. »Aber Weihnachten soll ja nur daran erinnern, daß man neu anfangen kann. Man kann in jedem Augenblick des Lebens neu anfangen. Wenn man dann hin und wieder einmal Fehler macht, so ist es nicht so schlimm. Man muß nur wirklich gut sein wollen, dann klappt es schon eines Tages.«

Da trocknen sich Pit, Pat und Pet ihre Tränen, und Weihnachten ist wieder schön.

»Wir sind ja auch noch ziemlich klein«, sagt Pit. »Wir schaffen es schon!«

Und daran glauben sie alle ganz fest. Ein bißchen spielen sie noch mit ihren neuen Sachen, dann werden Pit, Pat und Pet langsam müde. Und morgen ist schließlich auch noch Weihnachten.

Den ganzen ersten Weihnachtstag sind sie vergnügt miteinander, Pit, Pat und Pet, die Eltern und Jippi. Und wenn man davon absieht, daß Pet versehentlich einen Kerzenleuchter zerbricht, passiert auch wirklich nichts Schlimmes. Am zweiten Weihnachtstag scheint die Sonne so schön auf den Schnee, daß Mutter die Kinder nach draußen schickt. Das Auto und das Flugzeug nehmen Pit und Pet mit.

Aber als sie draußen eine Weile damit gespielt haben, ist das Auto plötzlich kaputt.

»Oh«, sagt Pit, »wie schade! Schaut mal – ein Rad ist ab!«

»Und mein Flugzeug hat einen geknickten Flügel!« ruft Pet. »So was Dummes!«

»Na ja«, meint Pat. »Das ist halt so nach Weihnachten!«

»Aber Weihnachten ist doch nicht vorbei!« sagt Pit.

Und wirklich riecht es noch nach Tannengrün und Kerzenwachs, und manchmal leuchten hinter dem Fenster eines Hauses die Lichter des Christbaumes auf.

»Aber fast«, sagt Pat.

Sie schlendern die stillen Straßen entlang. Und hier und da stellen sich Pit, Pat und Pet auf die Zehenspitzen und schauen ein wenig in die Fenster zu den Leuten hinein.

Eigentlich tut man so etwas natürlich nicht, aber andererseits ist es doch furchtbar interessant. Manche Leute sitzen unter ihren Weihnachtsbäumen, gähnen und haben Pantoffeln an. Manche Leute schlafen auf dem Sofa, und ein paar hocken vorm Fernseher.

»Hm!« sagt Pit.

Sie treten an einer Stelle den Schnee fest und kegeln mit Nüssen. Aber großen Spaß macht es nicht. Und das Flugzeug und das Auto liegen neben ihnen und sehen ganz traurig aus.

»He! Struppi!« ruft Pet einem kleinen schwarzen Hund zu, der vorüberläuft.

Doch der Struppi hat sich über Weihnachten den Magen verdorben. Er ist schlecht gelaunt und knurrt sie an.

Tap, tap, tap, schlurfen da Schritte die Straße entlang.

»Das ist der alte Sebastian!« flüstert Pat. »Mit dem spricht keiner.«

»Weil der sich nicht wäscht«, erklärt Pit.

»Und überhaupt!« setzt Pet hinzu.

»Was er wohl Heiligabend gemacht hat?« überlegt Pat plötzlich.

»Der kriegt immer eine Wurst vom Metzger Schmitt«, sagt Pet. »Das weiß ich. Und der Bäcker schenkt ihm Semmeln dazu.«

»Ob sie das tun, weil sie ihn zu Weihnachten lieben?« fragt Pit.

Er fragt mehr sich selber.

»Wenn man sich das überlegt«, sagt Pat. »Das mit dem Anfang . . .«

Der alte Sebastian geht langsam an ihnen vorbei. Einen Moment lang schauen sich die Kinder an. In jedem Augenblick, denken sie. Also auch jetzt! So kommt es, daß sie plötzlich hinter dem alten Sebastian herlaufen.

»Guten Tag, Sebastian!« rufen sie. »Wie geht es dir?«

»Guten Tag«, entgegnet der alte Sebastian erstaunt. »Wie geht es euch denn?«

Pet scharrt vor Verlegenheit mit den Füßen im Schnee, und Pat kratzt sich auf dem Kopf.

»Ach«, stottert Pit, »so! Unser Spielzeug ist kaputt!« fällt es ihm da ein.

»Und der Schnee ist auch schon schmutzig!« setzt er hinzu.

Da lacht der alte Sebastian, daß man seinen letzten Zahn sieht.

»Das mit dem Schnee kann ich nicht ändern«, sagt er. »Aber zeigt mal euer Spielzeug her!«

Er setzt sich auf die Stufen des Denkmals und nimmt das Auto und das Flugzeug in seine Hände. Und weil der alte Sebastian in seinem Leben schon vielerlei geflickt hat – was aber niemand weiß, weil niemals jemand mit ihm spricht –, dauert es nicht lange, und er hat das Auto und das Flugzeug wieder repariert.

»Oh!« sagen Pit, Pat und Pet. »Danke schön!«

»Wir müssen ihm eine Freude machen«, flüstert Pat.

Da nehmen sie alle drei ihre Wollmützen ab und singen für den alten Sebastian ein Weihnachtslied. Wer weiß, woran es liegt – vielleicht daran, daß der alte Sebastian ganz glänzende Augen bekommt –, jedenfalls ist es fast noch einmal so schön wie am Heiligen Abend.

Und es dauert nicht lange, da öffnen einige Leute ihre Fenster und singen mit.

Ja – und als Pit, Pat und Pet den alten Sebastian am nächsten Tag wieder treffen, scheint er ihnen direkt ein wenig sauberer zu sein. Vielleicht bilden sie sich das ja nur ein. Aber vielleicht ist es auch wahr.

Werner Schrader

Der Weihnachtsmann nimmt jede Hilfe gerne an

Für den Winter war Schabernackel bestens eingerichtet. Er brauchte die Wolke nur von allen Seiten über sich zu ziehen, dann hatte er es so warm wie in einer Flugzeugkabine. Nur zwei kleine Gucklöcher ließ er offen, eins, durch das er nach vorne, und eins, durch das er auf die Erde blicken konnte. Und wenn ihm danach zumute war, stopfte er die auch noch zu und flog kilometerweit im Blindflug.

Im Dezember gab es einige Tage scharfen Frost. Aber das machte ihm nichts aus, denn einen Ofen hatte er natürlich auch an Bord, einen gläsernen, der nie heißer wurde als ein Heizkissen und weder Strom noch Kohlen brauchte. Schabernackel drückte nur auf einen Knopf, und schon begann ein runder Glühstein im Ofen zu leuchten und zu wärmen. Wollte er es besonders gemütlich haben, drückte er noch einmal auf den Knopf, dann flackerte und puffte es im Ofen wie in einem offenen Kamin.

Eines späten Nachmittags vor Weihnachten flog er über eine Stadt, die mit tausend bunten Lichtern zu ihm heraufleuchtete. Ein Weihnachtsmarkt war aufgebaut. Kinder und Erwachsene bummelten an den Buden vorbei und kauften Leckereien oder letzte Geschenke. Der Duft von gebrannten Mandeln und Bratwürsten stieg Schabernackel verlockend in die Nase. Hm, dachte er, ich habe große Lust, mich auch unter das Volk zu mischen und mir etwas zum Naschen zu kaufen. Eine Bratwurst würde mir schmecken, und gegen einen süßen Weihnachtskrapfen hätte ich auch nichts einzuwenden. Er überlegte nicht mehr lange, sondern lenkte die Wolke zu einem hohen Haus, befestigte sie am Schornstein und kletterte an der Feuerleiter auf die Straße hinunter.

Keiner beachtete ihn, alle hatten es eilig, um noch irgend etwas für das Weihnachtsfest schnell zu besorgen. Außerdem war es schon ziemlich dunkel. So kam er unbehelligt bis zum Marktplatz. Dort, im Licht der vielen bunten Lampen und der brennenden Tannenbäume, fiel er den Leuten natürlich auf, einmal, weil er so klein und zum andern, weil er so lustig angezogen war. Aber weil man ihn wohl für ein Kind hielt, das sich verkleidet hatte, ließ man ihn in Ruhe und kümmerte sich nicht weiter um ihn.

Er schaute sich neugierig um, spazierte zwischen den großen und kleinen Marktbesuchern an den vielfarbig glitzernden Auslagen der Buden vorbei, hörte die Weihnachtslieder aus den Lautsprechern und stand unvermittelt vor dem Bratwurstgrill.

Da fiel ihm ein, daß er gar kein Geld bei sich hatte! Ach, wie ärgerlich! dachte er. Ich laufe doch nicht noch einmal zurück, um meine Geldtasche zu holen! Was mache ich nur? Als er sich nun ein wenig hilflos umschaute, sah er, daß mehrere Leute eine Bratwurst in der Hand hielten, sie mit Senf bestrichen und ab und zu davon abbissen. Einige legten sie zwischendurch immer wieder auf den Pappteller zurück, andere aber hielten sie mit gesenktem Arm ein bißchen vom Körper ab, damit sie sich mit dem Senf nicht Hose oder Mantel beschmutzten.

Da hatte Schabernackel einen Einfall. Er stellte sich hinter die Bude, machte sich unsichtbar, kam unbemerkt zurück und biß nun mal hier von einer Wurst ab und mal da, solange es ihm schmeckte. Ein älterer Mann wunderte sich zwar, daß ein Stück an seiner Wurst fehlte, obwohl er selber noch gar nicht davon abgebissen hatte, aber zurückgeben konnte er sie natürlich auch nicht. So ging er denn kopfschüttelnd weiter und redete sich ein, ganz in Gedanken doch schon mal abgebissen zu haben.

An der Bude, wo es die leckeren Krapfen und gebrannten Mandeln gab, machte Schabernackel es genauso. Er langte in alle offenen Tüten hinein und biß von allen Krapfen ab, die man ihm ungewollt vor die Nase hielt. Schließlich war er so satt, daß er kaum noch gehen konnte.

Da fielen ihm zwei Kinder auf, ein Junge und ein Mädchen, die mit hungrigen Augen an der Seite standen und den Leuten zuschauten, die all die Leckereien in sich hineinstopften. Sie waren beide recht mager und hatten bestimmt keinen Pfennig in der Tasche.

Denen muß ich helfen! dachte Schabernackel. Aber wie? Natürlich konnte er, unsichtbar, wie er war, eine Tüte mit Mutzenmandeln, einen Krapfen oder sogar eine Bratwurst stehlen und ihnen in die Hand geben. Aber würde man die beiden dann nicht als Diebe ansehen und bestrafen? Natürlich würde man das! Nein, er mußte es anders machen. Zu dumm, daß er seinen Lumpensack nicht bei sich hatte! Darin würde er bestimmt ein Mittel finden, das ihm helfen würde. Nun mußte er allein zurechtkommen.

Er folgte den beiden Kindern unauffällig und ließ sie nicht aus den Augen. Als sie neben einer Bude standen, in der Weihnachtskugeln und Spielzeug verkauft wurden, und er näher herantrat, leuchtete ihm aus einem Spiegel ein so lustiges Gesicht entgegen, daß er laut lachen mußte. Da merkte er, daß es sein eigenes Gesicht war.

»Hoho!« rief er unwillkürlich. »Ich sehe ja beinahe aus wie der Weihnachtsmann!« Und während er sich selbst ein paar Grimassen schnitt, kam ihm ein ganz besonders guter Gedanke.

Wenn ich schon so aussehe, sagte er sich, kann ich auch den Weihnachtsmann spielen. Ich werde etwas von den Leuten einsammeln und dann an die Kinder verteilen. Weil ich so klein bin, wird man mich wohl für ein verkleidetes Kind halten und mir bestimmt was geben.

Er dachte sich einen kleinen Vers aus, stellte sich zwischen die Bratwurst- und die Mutzenmandelnbude und rief mit lauter Stimme:

> »Ich bin der kleine Weihnachtsmann
> und nehme milde Gaben an
> für jene Kinder auf der Welt,
> die Hunger haben und kein Geld.
> Für eine Bratwurst dank ich fein.
> Es dürfen auch gern zweie sein.
> Auch Mutzenmandeln nehme ich,
> die schmecken Kindern sicherlich.
> Ich bin der kleine Weihnachtsmann
> und nehme milde Gaben an.«

Die Leute, die in der Nähe waren, hörten sich den Vers an. Einige lachten und gingen einfach weiter, andere brummten etwas von Bettelei vor sich hin. Ein Mann aber blieb stehen, faßte den ulkigen kleinen Kerl ins Auge und fragte: »Willst du das, was du bekommst, auch wirklich nicht selber essen?«

»Nein«, versicherte Schabernackel, »ich will es sofort weiterverschenken!«

»An wen denn?« fragte der Mann weiter.

»An die beiden Kinder da an der Spielwarenbude«, antwortete Schabernackel.

»Gut«, sagte der Mann, »ich kaufe dir zwei Bratwürste und zwei Weihnachtskrapfen, will aber sehen, was du damit machst.«

So kamen der Junge und das Mädchen zu einer Bratwurst und einem zuckersüßen Krapfen. Und weil der Mann gerührt war von Schabernackels Tun, schenkte er ihm noch ein Fünfmarkstück.

»Dafür darfst du dir nun auch was Schönes kaufen«, sagte er und winkte dem kleinen Weihnachtsmann im Fortgehen noch einmal zu. Er sah nicht mehr, daß der das Geld sofort an die beiden Kinder weitergab und heiteren Herzens den Weihnachtsmarkt verließ.

Schenken ist viel schöner, als etwas geschenkt zu bekommen, dachte Schabernackel, während er die Feuerleiter hinaufstieg und in seine Wolke kletterte, die genauso unbeweglich neben dem

Schornstein des Hochhauses schwebte, wie er sie verlassen hatte.

Sofort stopfte er die beiden Gucklöcher zu, schaltete den Ofen ein und legte sich auf den Rücken.

Ich werde die Nacht hier oben verbringen, dachte er, und noch ein wenig darüber nachdenken, wie ich auch noch für andere den Weihnachtsmann spielen kann. Es scheint mir nämlich, daß die Geschenke zu Weihnachten nicht immer gerecht verteilt werden. Manch einer bekommt viel zuviel und manch einer zuwenig oder geht sogar leer aus. Die beiden Kinder da auf dem Marktplatz haben wohl nicht viel zu erwarten. Vielleicht ist ihr Vater arbeitslos oder krank oder gestorben, und die Mutter hat kein Geld für üppige Geschenke. Kann man da nichts tun? Ihnen etwas zustecken, was andere Kinder zuviel haben? Das muß sich doch machen lassen, oder?

Er legte sich auf den Bauch, auf die Seite und wieder auf den Rücken und grübelte und grübelte.

Darüber schlief er ein.

Als er am andern Morgen spät aufwachte und eins der beiden Gucklöcher öffnete, sah er, daß es geschneit hatte. Alle Dächer rundum trugen dicke weiße Polster, und die Bäume hatten sich schwere Pelzmäntel übergezogen. Ihm war heiß, denn sein Ofen hatte die ganze Nacht gebrannt. Er schaltete ihn aus, holte sich eine Handvoll Schnee herein und wusch sich damit Gesicht, Hals und Hände. Nachdem er dann eine Banane und einen Apfel gegessen hatte, löste er das Halteseil und segelte los. Er hatte nicht vergessen, was ihm am Abend durch den Kopf gegangen war, und wollte nun versuchen, etwas für eine gerechtere Verteilung der Geschenke zu tun.

Langsam schwebte er über die Stadt und schaute nach unten. Als er einen Schulhof überflog, dachte er, es könnte seiner Sache dienlich sein, wenn er sich die Kinder mal genauer ansah und mit anhörte, worüber sie sich unterhielten. Er wußte nicht, daß es der letzte Schultag vor den Weihnachtsferien war und daß in den Klassen nun in der letzten Stunde nicht mehr gelernt, sondern nur noch gesungen, gelesen und erzählt wurde.

Hinter den dichten Tannen, die die Schulwiese begrenzten, parkte er seine Wolke, machte sich unsichtbar und folgte den Kindern, die am Ende der Pause einzeln oder in kleinen Gruppen das Schulhaus betraten. So gelangte er in eine vierte Grundschulklasse. Die Lehrerin saß bereits hinter ihrem Schreibtisch. Sie wartete, bis alle Platz genommen hatten, und entzündete dann die Kerzen an einem kleinen Weihnachtsbaum, der vorne vor dem Schrank stand.

Schabernackel stellte sich hinter den Baum und war neugierig, was nun wohl geschehen würde.

»Wir wollen jetzt singen«, sagte die Lehrerin, »unsern Weihnachtskanon!« Sie nahm ihre Gitarre, die hinter ihr an der Wand lehnte, zupfte einigemal an den Saiten, gab den Ton an und sang sodann gemeinsam mit den Kindern:

»Komm nun, weihnachtlicher Geist, in unser Haus!«

Das nahm Schabernackel als sein Stichwort. Als das Lied zu Ende war, sagte er laut: »Ich bin schon da, liebe Kinder, und freue mich, daß ihr mich gerufen habt!«

Die Lehrerin verzog den Mund zu einem Lächeln und blickte rasch von einem Kind zum andern, um den Spaßvogel zu erkennen, der sich da als weihnachtlicher Geist ausgeben wollte. Aber an den erstaunten Augen der Jungen und Mädchen erkannte sie, daß es keiner von ihnen gewesen sein konnte. Alle schauten nach vorn zum Tannenbaum, von wo sie die Stimme gehört hatten. Gerade wollte sie den Mund aufmachen und etwas sagen, da ließ sich die Stimme wieder vernehmen, diesmal allerdings von der Tür her.

»Ja, ich bin der weihnachtliche Geist«, sagte Schabernackel. »Ihr könnt mich nicht sehen, aber hören können mich alle, die nicht stumpf und gleichgültig geworden sind gegen ihre Mitmenschen. Die unter euch, die gierig sind und nur an sich denken und an all das, was sie sich zu Weihnachten gewünscht haben, hören meine Stimme nicht.«

»Ich kann ihn hören! Ich auch, ganz deutlich sogar!« flüsterte es da vorn und hinten und in der Mitte. »Ich bin nicht gierig!«

Schabernackel wartete einige Sekunden und fuhr dann fort: »Ich komme vom Himmel herunter und bin allen Menschen dankbar, die mich einladen. Hört zu, ich habe euch etwas mitzuteilen! Ihr wißt ebensogut wie ich, daß übermorgen auf viele Menschen ein reicher Gabentisch wartet, sicherlich auch auf die meisten von euch, daß sich die Tische biegen werden von der Last der vielen Geschenke. Und ich weiß, daß ihr in eurem Alter nicht mehr glaubt, der Weihnachtsmann brächte das alles vom Himmel herbei. Wie sollte er auch wohl an einem einzigen Abend so viele Millionen Menschen beschenken können! Und wie groß müßte der Schlitten sein, auf dem alle die Geschenke Platz hätten! Nein, ihr wißt längst, daß es die Eltern sind, die euch mit Geschenken erfreuen. Ihr habt ja sicher auch schon lange etwas für sie vorbereitet. Nun, dann werdet ihr auch wissen, daß einige Kinder nur sehr wenig oder fast gar nichts bekommen können, weil die Eltern in Not geraten sind durch Arbeitslosigkeit, Krankheit oder Tod des Vaters oder der Mutter. Damit diese Kinder nun nicht traurig sein müssen am Heiligen Abend, wende ich mich an alle unter euch, die meine Stimme hören und also ein gutes Herz behalten haben: Nehmt eins von den

Geschenken, die ihr bekommt, und bringt es einem Kind, von dem ihr wißt, daß die Eltern ihm nicht viel geben können. Welches Kind ihr beschenken sollt, müßt ihr allerdings schon selbst herausfinden, dabei kann ich euch nicht helfen. Doch wenn ihr die Augen aufmacht und euch ein wenig umhört, wird es euch schon auffallen. Übrigens dürft ihr euer Geschenk auch ruhig einem Erwachsenen bringen. Unter denen gibt es auch genug, die in traurigen Verhältnissen leben und von ihren Mitmenschen gar nicht beachtet werden. Damit ich es nicht vergesse: Einen Lohn dürft ihr für eure gute Tat nicht erwarten! Also meint nicht, daß der liebe Gott euch ein großes Plus in seinem goldenen Buch dafür anschreibt! Nein, der Lohn ist einzig die Freude, die ihr macht und die auf euch zurückstrahlt. Und das ist nicht wenig, kann ich euch versichern. Ihr werdet euch so glücklich fühlen und so froh sein wie nie zuvor. So, das wär's, das wollte ich euch sagen. Ich vermute, daß die Bescherung bei euch zu Hause etwa um 18 Uhr beginnt. Dann wißt ihr eine halbe Stunde später, was ihr bekommen habt, und könnt das Geschenk, von dem ihr euch trennen wollt, schon gegen 19 Uhr abgegeben haben. Wenn ihr dann nach oben schaut, könnt ihr mich als weiße Wolke ganz dicht über die Dächer fliegen sehen, und wenn ihr die Ohren aufmacht, könnt ihr auch hören, was ich euch zurufe. Also lebt wohl! Ich bin sicher, daß mich alle von euch verstanden haben! Tschüs!«

Die Tür ging auf, schloß sich wieder, und der weihnachtliche Geist war verschwunden.

Das heißt, nein, verschwunden war er nicht. Er blieb unter den Kindern und bewegte ihre Gemüter.

»Ich weiß, wen ich beschenken kann«, rief der lange Jochen von der letzten Bank. »Bei uns in der Straße, nur drei Häuser weiter, wohnt eine alte Frau, ganz allein. Die hat keinen Mann mehr, und ihre Kinder leben, glaub ich, in Australien. Der werde ich was bringen!«

»Aber hoffentlich keine Schlittschuhe!« sagte die Lehrerin lächelnd.

»Natürlich nicht«, rief Jochen. »Ich denke eher an was Eßbares, Kekse vielleicht oder Pralinen.«

»Ich beschenke ein Mädchen aus dem Kindergarten«, sagte Heidrun, »ein ganz niedliches. Das ist mir schon lange aufgefallen, weil ich es morgens immer treffe, wenn ich zur Schule fahre. Es geht ganz allein und hat bei jedem Wetter dasselbe Zeug an. Selbst wenn es schneit und friert, trägt es keine Handschuhe und keinen Mantel, immer nur so ein fetziges, grünes Kleid. Die Eltern sind bestimmt sehr arm.«

»Ich denke, daß der alte Mann aus der Parkstraße sich über ein Geschenk von mir sehr freuen wird«, sagte Frank. »Der humpelt an seinen Krücken auch immer allein durch die Straßen.«

Und so ging es fort. Jeder wußte plötzlich, wen er beschenken wollte, keiner mochte sich ausnehmen.

Schabernackel, der hinter der Tür stand, hörte sich alles an und war sehr zufrieden mit seinem Auftritt als weihnachtlicher Geist.

Zwei Tage später, am Heiligen Abend, flog er, wie er es angekündigt hatte, mit seiner Wolke ganz niedrig über die Dächer der Stadt hinweg und wartete auf das, was da unten geschehen würde. Als es halb sieben vom Kirchturm schlug, trat in der Bahnhofstraße ein Junge aus einem Reihenhaus, schaute sich nicht lange um, sondern strebte mit einem Paket unter dem Arm die Straße entlang, allerdings nur drei Häuser weiter. Es war der lange Jochen. Nur zwei Minuten später sah Schabernackel ein Mädchen in der Marktstraße, ein anderes in der Buchtstraße und zwei Jungen vor der Stadtwaage. Und dann wurde es in allen Straßen lebendig. Überall trugen Kinder ihre Geschenke aus.

Was Schabernackel aber wunderte, war, daß es weitaus mehr Kinder waren, als er in der vierten Klasse gesehen hatte.

Hm, dachte er, die müssen in den anderen Klassen von ihrem Erlebnis mit dem weihnachtlichen Geist erzählt haben. Um so besser!

Er vergrößerte das Guckloch, beugte sich über den Rand der Wolke und rief mit lauter Stimme: »Fröhliche Weihnachten, Kinder! Fröhliche Weihnachten!«

Quellenverzeichnis

Kirsten Boie, *Der Tannenbaum* aus: dies., »Jenny ist meistens schön friedlich«. © Verlag Friedrich Oetinger, Hamburg 1988.

Dagmar Chidolue, *Millie und der Adventskranz* aus: dies., »Millie feiert Weihnachten«. © Cecilie Dressler Verlag, Hamburg 1992.

Hanna Herzig, *Zum letztenmal Thomas* aus: dies., »Dagobert und der Da-Da-Hund«. © Verlag Jungbrunnen, Wien München 1990.

Sigrid Heuck, *Lizzy backt Weihnachtsplätzchen* aus: dies., »Western-Lizzy«. © K. Thienemanns Verlag, Stuttgart – Wien.

Gemma Lienas, *Zwei Flügel und ein Riesenproblem* aus: Gemma Lienas, »La meva família i l'angel«. © Editorial Cruïlla, Barcelona.

Renée Nebehay, *Advent* aus: dies., »Petersilie, Suppengrün wächst in unserm Garten«. © Renée Nebehay.

Gudrun Pausewang, *Ein Nikolaus in Räuberstiefeln* aus: Gudrun Pausewang/Rolf Rettich, »Das große Buch vom Räuber Grapsch«. © Ravensburger Buchverlag Otto Maier GmbH.

Fredrik Vahle, *Weihnachten mit Bockwurst* aus: ders.,
»Weihnachtsgrüße«. © Gertraud Middelhauve Verlag,
München 1986.

Martin Waddell, *Sarahs Weihnachten* aus: ders., »Friedrich
lernt Engel«. © Carlsen Verlag GmbH, Hamburg 1990.

Ursula Wölfel, *Die Weihnachtslüge* aus: Gertrud Mielitz
(Hrsg.), »Sei uns willkommen schöner Stern«.
© Verlag Ernst Kaufmann, Lahr 1969.

Die schönsten Geschichten

Sonja Hartl (Hrsg.)
Hexen- und Feengeschichten – Arena-TB 0351.
Gespenster- und Vampirgeschichten – Arena-TB 0352.
Adlerauge und Silberfeder – Arena-TB 0354.
Alle Bände ab 9.

Ulla Pastor (Hrsg.)
Pferdegeschichten aus aller Welt – Arena-TB 0353.
Ab 10.

Arena